极致
企业家

史蒂夫·乔布斯
和
耶稣基督

崔西·埃梅里克 博士

BOOKSIDE Press

版权所有 ©2024 年 崔西·埃梅里克 博士

ISBN: 978-1-77883-382-3 (平装)
978-1-77883-383-0 (精装)
978-1-77883-381-6 (电子书)

保留所有权利。未经出版商事先书面许可，不得以任何形式或任何手段，包括复印、录音或其他电子或机械方法，复制、分发或传输本出版物的任何部分。仅在评论中引用简短引文的情况下，可以根据版权法允许的其他非商业用途，未经出版商的事先书面许可。

本书中表达的观点仅为作者个人观点，不一定反映出版商的观点，出版商特此对其不负任何责任。

BookSide Press
877-741-8091
www.booksidepress.com
orders@booksidepress.com

目录

引言	1
第一章: 什么是企业家?	4
第二章: 企业家的特征	10
第三章: 创新和利润	22
第四章: 企业家的类型	27
第五章: 极端企业家	34
第六章: 人或物	39
第七章: 灵魂	45
第八章: 灵魂力量	51
第九章: 史蒂夫·乔布斯	57
第十章: 耶稣基督	67
第十一章: 那又怎样?	74
参考文献	82
关于作者	83

献给三位影响我写作的贵人：

黎明，我的妻子
苏珊，我的妹妹
黛布，我的牧师

引言

为了开篇，让我引用一位美国作者、心灵作家，居住在新墨西哥州阿尔伯克基的方济各会修士理查．罗尔的一句话：

"我们独特的一点天堂是由制造商在产品内部安装的，在一开始！我们被赋予一段时间来发现它，选择它，并充分活出我们自己的命运。如果我们不这样做，我们真正的自我将永远不会再次呈现，以我们独特的形式。"

将尘世与神性结合是有意义的。我们每个人都有一点神性，但我们可能并不自知。当您翻阅本书的页面时，我希望您能发现、重新发现或扩展您在地球上通过灵魂表达的神性影响。

多年来，我研究了许多企业家的生活，这使我得出了一个重要的认识和结论：企业家根据他们的本质刻上他们所做的一切。这些刻痕是什么呢？

这些刻痕是企业家灵魂的表达。灵魂是他们所做的一切的驱动力。无论灵魂下达什么命令，行动都会紧随其后。

通过这本书，我将揭示两位"极端企业家"通过他们的灵魂这一驱动力来实现目标，从而塑造了今天的世界。我希望在本书结束时，您会同意依赖我们的灵魂对于充实的生活至关重要－无论是为了实现目标还是建立持久且富有成效的关系。

"天堂的独特一点"被安装在我们内部，也被"安装"在我们的灵魂中。为了将这个概念栩栩如生地呈现出来，本书选用了两位

著名的人物 – 耶稣基督和史蒂夫·乔布斯。史蒂夫和耶稣毕生努力将他们的"真实自我"发挥到极致。为了做到这一点，他们内心的灵魂推动着他们成为我们今天所知的成功人士。

这项工作的一个目标是让您了解您内在的驱动力 – 您的灵魂 – 如果您遵循，将使您和他人的世界变得更有意义。您的灵魂为您制定了一项人生议程。您需要做的就是揭示它。它一直隐藏在您内心多年，甚至几十年！

如果您开始让内在的存在引导您 – 您的思想和行为 – 您的生活将更加令人满足和有意义。它的回报将使您的生活充实而有意义。

然而，作为我们生活中指南针的灵魂可能并不总是引导我们走上正确的道路。请记住，您的灵魂兴趣的焦点是您，它的方向可能并不总是产生积极的思想和行为。灵魂的"自我利益"可能使您陷入欺骗、欺诈和感性探索。这就是您需要辨别力来抑制那些在当时可能看似"好主意"的地方。这就是神圣影响挽救一天的地方，引导您远离自我利益。

灵魂还有另一个层面将被探索。作为非言语传达者的灵魂，调谐到所有生命事物。灵魂类似于电影系列《星球大战》中的"原力"。然而，与只有少数人能够利用原力不同，我们的灵魂允许我们所有人都能够随时随地利用。具有讽刺意味的是，在星球大战中，有些人谈论原力，有些人拥有原力。地球上的所有生命都拥有它（灵魂），但作为人类，我们并没有意识到它对我们有何作用。

极端企业家通过他们的灵魂的表达向人类引入了深刻的变革。史蒂夫·乔布斯将易于使用的技术置于人类手中，可用于增强生活，而无需了解或理解底层技术。耶稣基督将生命范式从恐惧转变为爱；给予我们每个人的机会，无论我们是否愿意，去被爱和去爱。

耶稣的教导并不新鲜。犹太人坚持说："你要尽心、尽性、尽意、尽力爱主你的神。"但耶稣进行了一个简单的补充，改变了整个爱的范式，当他加入："…要爱人如己。"

它从"从我们走向一个外在的上帝的爱"转变为"从我们爱自己开始,然后爱我们的邻居,然后爱上帝"。

愿本书的各章节给您提供充分的机会来思考、理解并回应通过您的灵魂传达给您的神圣信息。

第一章

什么是企业家?

在我们深入探讨这本书中将详细阐述的两位极端企业家的生活经历和遗产之前,我认为最好先让我们达成对企业家的共同理解。所以请让我问您:当您听到"企业家"这个词时,第一个想到的是什么?

像大多数人一样,您可能会将企业家视为纯粹的商业人士-某人经营着一家企业。我们常常会想到外套和领带、手提箱、商务会议和赚钱的冒险-这些是人们对企业家的普遍初步认知。然而,企业家不仅仅是商人的外貌和大多数人所认知的盈利过程。

通过这本书,以及我们将进一步剖析生活的两位个性的理解,我希望这将改变您对企业家的看法,从而为您带来启发人心和改变生活的经验。

企业家，定义

我们的第一个任务是更深入地了解企业家，超越通常的认知。韦氏词典定义企业家为"组织、管理和承担业务或企业风险的人。"看到这一明确的定义，我们意识到企业家不仅是组织和管理业务（盈利冒险），而且还是一位创业者。

韦氏词典将企业定义为"一项尤其困难、复杂或有风险的项目或事业。"因此，困难、复杂和风险是定义企业的三个元素，企业家应该在其中组织、管理和承担风险。

实质上，企业家也是一位相信他或她可以推出比当前存在的更受人喜爱的东西的人。

我们都可以在某个层面上成为企业家。例如，柠檬水摊是一项创业努力，通常会产生无法复制的结果。在我的情况下，一个桌子放在街边，一壶用厨房里的原料制成的柠檬水，还有几只玻璃杯；一个企业就此启动，而且非常成功，我可以补充一句。净收入百分之百归我所有。然而，当第一壶卖完，到了第二壶的时候，我妈妈教给了我第一个会计原则－成本。如果我想要第二壶存货，我必须为原材料付费：糖和柠檬水混合物。尽管我的利润下降了，但这个冒险是成功的，为我赚了一些零花钱。这次创业经历将引导我学到更多的教训和经验。

企业家与商业企业

根据全球企业监测，2016年，在巴布森学院，有超过两千五百万人开始或经营自己的生意。报告称这占到了大约工作年龄人口的14%，或者说每七个工作年龄成年人中就有一个企业家。企业家的数量并不像使他们与其他六个人不同的因素那样显著，企业家在生活的宏伟计划中又是属于什么地方呢？

使企业家与其他六个人不同的一个特征是，企业家愿意承担风险以取得结果。六个人会听从泰山的建议："在下一根藤稳稳握住之前，不要放开当前的藤。"但与众不同的那一个无视这个明智的建议，放开了藤，期待着抓住下一根藤，因为这是从A点到B点的更快方式。风险对于企业家来说是次要的考虑，我知道。参与的一些花费了我成千上万美元的冒险都是怀着极大的热情进入的。直到承认失败后，对美元投资才会感到担忧。我很感激其他冒险确实成功，使得退休生活非常愉快。

因此，风险是创业的一个要素－无论是为了盈利还是为了实现目标而进行的任何冒险。企业家承担所有风险，并承受由此引起的所有后果。当取得成功－不论是大是小－企业家也会得到赞誉。

企业中的企业家

企业家在生活的大计中的定位稍显复杂。常与商业相关，企业家是团队的关键成员。正是企业家拥有"大创意"，并向其他团队成员解释愿景，以便他们可以以协调的方式运用他们的技能和才能。因此，企业家在实现企业目标方面起着团结所有人的作用。

要更好地理解企业家的角色，重要的是我们知道企业家在组织或团队中的定位。

一位管理顾问，伊查克·爱迪思博士，提出了一个团队所需的模型。他的模型是在70年代开发的，并已应用于世界各地的数千个组织。在我的咨询时期，我发现他的模型非常有用，即使在现在，它在安排情境中的人员方面仍然提供了坚实的基础。

爱迪思博士的模型是PAEI的首字母缩写，描述了在组织中扮演不同角色的四种人。它们分别是：

制造者
管理员
企业家
整合者

在爱迪思博士的模型中，虽然这些角色对于组织取得成功都是必要的，但没有一个人能够充当所有这些角色。一个人可以在某个角色中执行一种或多种角色，但这可能会牺牲他们在他们更喜欢的角色中做出最佳工作的机会。

在我的市场人口学定位的日子里，政府将小型企业定义为员工少于五百人，总是让我感到惊讶。因此，"小型企业"这个词在99%的企业员工少于五百人的情况下并没有太多意义。再加上81%的小型企业没有员工，事实上，如今，你会发现有很多企业几乎没有员工。为了方便讨论，我们将这个庞大的企业群体称为"家庭式企业"。通常这是由两人经营的家族企业。在进行家庭式企业的目标市场营销时，了解决策者是谁对于正确地向潜在买家或客户传达信息以引起反应非常重要。但这两人的企业不总是家族企业。

然而，这两人的角色是明确的，以和谐地经营企业。一个人努力发展业务，另一个确保账单能够支付。基本上，一个是梦想家，另一个是现实家。

接下来是一种试图将爱迪思的模型与家庭式企业模型融合为解释方式的尝试。要明确，这种融合与性别无关，只与一个人在企业中执行的角色责任有关。我之所以提醒婴儿潮警报！是因为我是婴儿潮一代，我的语言是在适用于今天的不同规则下发展起来的。这并不是对任何可能认同或不认同为"妈妈"或"爸爸"的人的不敬。

四种角色定义如下:

1. **制造者**: 任何组织的主要目标是产生结果。制造者的关注点在于完成工作以产生结果。他们努力工作,做事情。在餐饮服务中,这可能是厨师和服务员。在制造业中,这可能是工人和主管。他们通常被称为"线上"工作者。在保险业,这可能是精算师和销售人员。在典型的"妈妈和爸爸"企业中,这可能是"爸爸"。

2. **管理员**: 管理员关注任务的完成方式。他们对有助于组织运作的规则感兴趣。他们专注于确保人们正确遵循程序。在所有组织中,这包括会计、人力资源、质量控制和运营。在典型的"妈妈和爸爸"企业中,这可能是"妈妈"。

3. **企业家**: 企业家充满创意。他们的灵魂呼唤他们形成一个愿景或多个愿景,并且他们可能擅长建立共享理解,帮助其他人分享这个愿景。他们经常被描述为"冒险家"或"有远见的人"。通常情况下,这些人经营着业务。在成熟的公司中,这个功能可以在研发部门找到,或者通过收购仍处于创业阶段的小公司找到。在典型的"妈妈和爸爸"企业中,这更有可能是"爸爸"。

4. **整合者**: 整合者擅长把人们聚集在一起,并在组织内保持和谐。他们的焦点在于绩效。他们的真正价值在于通过组织的团队传达企业家的愿景。这个人可以是总裁、首席执行官或执行副总裁。整合者的一个关键责任是防止企业家用下一个大创意烧毁企业。在典型的"妈妈和爸爸"企业中,这可能是"妈妈"。

在这本书中，我们将仅仅研究"E"人 - 企业家。您可能会发现对爱迪思博士模型的额外探讨很有用，因为他在PAEI上进行了扩展，以及每种类型如何通过爱迪思 全球研究所（在谷歌上可用）对变化作出响应。

第二章

企业家的特征

在我们研究这本书揭示的两位极端企业家的生活之前，我认为深入探讨每位企业家应具备的特征和个性特质是至关重要的，以实现他或她的目标。这些特征定义了一个企业家，是成功的关键。我们今天所知的最成功的企业家已经将他们的业务建立在这些特征的基础上。

这些特征被认为是任何企业家的基石，而且在我们将要揭示的两位极端企业家的生活中确实可见。耶稣基督和史蒂夫·乔布斯来自完全不同的时代和背景，但两者也有共同的特征－他们都是有动力、执着和目标导向的。他们专注于实现各自的目标。一般来说，

企业家具有使他们脱颖而出于众的特征。这些特征成为他们的一部分，并在他们的个性中得以体现。他们日复一日地掌握了这些特征。

我希望这些特征也能在你的创业努力或职业生涯中帮助到你，无论你目前在哪个行业发展。

十二个特点和性格特征

我在一篇由莱斯特朗德拉·阿尔弗雷德撰写的文章中发现了一个在线定义，该文章名为"十二个优秀企业家的特点和性格特征"，由HubSpot在2021年2月发布。为了完整地呈现企业家的特征，我在这里采纳了这篇文章。

尽管辛勤工作通常是成功的因素之一，但一个人的工作输出水平并不总是决定他们在所在领域的成功——创业也不例外。在启动、运营和扩展业务过程中，有许多因素可以影响企业家的成功。这些因素可能包括他们业务启动的时间、市场竞争激烈程度、供应链的可靠性、他们能够获得的资本数量以及当前的经济环境。

除了这些因素之外，成功的企业家共同具有一些特征，这些特征有助于他们的业务成功。让我们深入了解它们：

成功企业家的性格特征：

- 纪律
- 创造力
- 自我意识
- 足智多谋
- 注重流程
- 移情能力
- 沟通能力
- 自我激励
- 自信
- 灵活性
- 冒险家精神
- 坚韧不拔

纪律

"我们一直在寻找创业基因，但实际上并不存在创业基因。没有的。成功企业家是通过纪律执行而成功的。"《严守纪律的创业精神》作者

创业和运营一家企业绝非易事。与传统工作不同，在传统工作中，通常有高层管理层推动业务目标并使您对业务负责，而成为一名企业家则需要在没有"老板"监督的情况下保持自律。

那些能够制定和执行计划，即使没有外部因素来迫使他们对自己负责的人，在商业中具有竞争优势。当企业家具备自律能力时，他们能够控制拖延的冲动，并在需要时采取果断行动。

三次创业家比尔·奥利特认识到专注和纪律对于创业成功至关重要，这甚至成为他的著作《严守纪律的创业精神》的重点。他甚至说："正是纪律执行使人们成为成功的企业家。"他的书提供了一个24步的框架，用于将产品推向市场。这一严谨但有趣的方法论来自奥利特在创办初创企业、筹集资本和为股东创造价值的经验。

创造力

"我每天都在收听收音机上的财经大师时，想到了每天举办一次烘焙售卖。" - 创始人兼首席执行官，杯形蛋糕日记

尽管创造力通常与艺术性的产出联系在一起，但对于所有企业家来说，这都是一个重要的特质。创造力不仅仅适用于视觉元素或品牌。能够在面对日常业务挑战时有创造性地解决问题、跳

出思维框架的企业家，能够迅速转变并实施必要的解决方案，从而实现业务增长。

受到财经大师和她所在地区糖果昂贵的启发，米尼翁·弗朗索瓦从"家庭经理"转变为创始人兼首席执行官。"我每天都在收听广播上的财经大师时，想到了每天举办一次烘焙售卖。我是一个管理6个孩子加1个家庭的家庭经理（也就是全职妈妈），我真的负担不起带孩子们出去买糖果的奢侈品，因为一切都很昂贵，我们正面临困境。一旦我开始整理食谱，我就会整天练习。"

起初，她甚至不知道如何烘焙，依赖她的女儿和祖母帮助她。然而，她的辛勤工作和创造力将一座被责令拆除的房屋变成了一个完整的面点店，将一个创意尝试转变为一个价值千万美元的生意。

自我意识

"我99%的事情都办得很糟糕，但在我擅长的1%上全力以赴。"
– 加里·维纳查克创业家，演讲家，作家

具有自我意识的企业家能够将这种意识在职业生涯中应用，从而取得业务成功。当企业家具备自我意识时，他们能够正视与经营业务相关的优点和缺点。

有了这种意识，他们能够集中精力在经营业务的任务和元素上，从而在其中表现出色，并更愿意将他们不擅长的领域委派给他人。自我意识的另一个好处是增加了个体给予、接收和应用有意义反馈的能力。

终身创业家和社会思想领袖加里·维纳查克表示，他希望商业界更加关注自我意识，而不仅仅是奋斗或聪明才智。

"自我意识在其最佳状态下是接受自己的缺点并突显自己的优点，"他说。在他关于这个主题的博客文章中，他表示一旦你决定这样做，"事情就会发生变化。"

足智多谋

"这与金钱或关系无关。它是愿意超越并超过每个人的努力。"
- 马克·库班 创业家，投资者，媒体名人

许多企业家面临着他们以前从未遇到过的任务和挑战。具备足智多谋的能力是一种心态，帮助企业家在没有明确实现目标的方式的情况下达到远大的目标。

当企业家能够足智多谋地工作时，他们可以有效地解决问题，使他们的业务发展和扩展，即使他们并没有所有答案或资源来做到这一点。足智多谋需要一种可以做的态度，愿意以创造性的方式工作，以有效地管理企业，即使没有即时的专业知识。

企业家和投资者马克·库班表示，企业家必须拥有"愿意超越并超过每个人的努力。"虽然拥有金钱和资源的途径可能会有所不同，但作为企业家的关键部分是培养这些资源自己。"没有捷径，你必须努力工作，努力使自己处于这样的位置，如果运气降临，你可以看到机会并利用它。"

注重流程

"改善策略的信息是公司中的任何地方都不应一天没有进行一些改善。" - 今井正明 管理顾问，改善咨询集团创始人

建立稳固的流程对于任何成功的企业家都至关重要。在商业世界中，流程是一系列可重复的步骤，帮助企业内部的工作人员完成必要的任务。流程可以应用于业务的各个方面，包括销售、新团队成员的入职、生产和产品履行。

当企业主具有注重流程的思维方式时，他们能够更加聪明地工作，而不是更加辛苦。在业务的各个方面实施流程可以防止浪费，使企业主能够扩展和发展他们的业务。此外，当企业主在业务中建立可重复的流程时，他们能够轻松培训新的团队成员，以履行业务的重要方面，而不会牺牲时间或质量。

管理顾问、改善咨询集团创始人今井正明对流程和系统有这样的看法："改善策略的信息是公司中的任何地方都不应一天没有进行一些改善。"

当然，他是在谈论一种称为改善集团的原则，该原则倡导"持续改进"的指导哲学，通常应用于精益业务和生产流程。改善集团的影响可以在流程进行的渐进性变化产生的滚雪球效应中找到，并且它已经在全球范围内得到了应用，最为著名的是在丰田的"丰田之道"手册中以及在乔氏超市作为公司核心价值观之一。

移情能力

"在今天，我认为移情能力比以往任何时候都更为重要。随着我们扩大公司规模，将来能够区别我们的是过去区别我们的东西：我们从根本上关心我们的客户和彼此。" － 达尔梅什·沙 HubSpot联合创始人兼首席技术官移情能力对于企业家来说是一种至关重要的品质。无论企业主管理着一支庞大的团队员工，还是作为高效的独立创业者直接与客户互动，他们都必须能够与他人在真实的层面上建立联系。

成功的企业家能够换位思考，考虑员工和客户在制定关键业务决策时的视角。在商业领域，移情能力可以表现为预测客户的需求，鼓励团队成员在需要时休息和充电，并为员工和客户提供表达意见和关切的空间。

具备与他人建立联系的软技能的企业主可能会享受到一系列好处，如增加客户忠诚度、更多客户推荐以及提高员工生产力。HubSpot的联合创始人达尔梅什·沙认为移情能力是一项如此重要的核心价值，以至于他修改了该组织的文化守则，将其包括在内。"不久前，我发现我们的文化守则中有一个需要修复的错误。我们使用HEART的首字母缩写来描述我们在同事中所重视的品质。多年来，这些品质是：谦逊、有效、适应性强、卓越和透明。但是有些不对劲。HEART没有清楚地捕捉到我认为是基本并且是HubSpot核心的一个价值观，那就是：移情能力。"

沟通能力

"领导力是一种思维方式，一种行动方式，最重要的是一种沟通方式。"－西蒙·西尼克，作家，演讲家

根据弗罗茨瓦夫大学的研究，领导者的前三种沟通技能包括有效倾听、清晰生动地传达信息以及以支持性的方式提供反馈。.

这些技能可以使企业家具有竞争优势。当企业主能够有效倾听他们的客户时，他们能够实施客户反馈，帮助他们改进他们的产品

或服务。此外，当企业领导者在与自己的员工和团队成员互动时展现这些技能时，他们能够建立信任，从而提高生产力和业务绩效。

沟通在西蒙·西尼克对商业领导者的信息中占据了重要地位。事实上，西尼克的TED演讲《从为什么开始》涵盖了这个主题，成为迄今为止最受欢迎的TED演讲之一。"沟通不是说出我们的想法。沟通是确保他人听到我们的意思。"根据西尼克的说法，这是领导力的一个至关重要的组成部分。

自我激励

"所以在我心里，我想，'好的，这意味着我有两年的时间开一家书店。'我为此负责。"－诺埃尔·桑托斯 The Lit Bar业主

简而言之，当你是自己的老板时，你必须能够保持自己的动力，以便有效而一贯地工作。企业家必须能够克服创意低谷和失去灵感的时刻，以保持业务的运转。这始于了解是什么驱使你不断前进，并在动力不足时汲取必要的灵感。

一个很好的例子是企业家诺埃尔·桑托斯，她本不打算开一家书店——她曾在一家IT公司的人力资源部门工作——但听到她常去的巴诺书店要关闭的消息后感到震惊。

阅读的乐趣对她很重要，所以她不得不采取行动。"知道当时只有一家书店让我感到恶心。因此，那份请愿书激发了物业所有者、巴诺书店、政治家之间的合作，并且他们达成了一项协议，同意延长租约两年。所以在我心里，我想，'好的，这意味着我有两年的时间开一家书店。'我为此负责。"

她对自己的使命全身心投入，甚至在两年半的时间里无偿在其他书店工作，以了解这个行业。从那时起，桑托斯进行了筹款，

并在社区的支持下推动了The Lit. Bar，为布朗克斯带来了一家书店。这里的教训是毅力必须来源于某种激励。

自信

"成功的一部分不仅在于能够执行，还在于确保每个人都知道你的业务做得有多好。" – 莫妮卡·伊顿-卡登 Chargebacks911 首席运营官兼创始人

如果你有一个想要实现并与他人分享的想法，你必须有信心将其付诸实践。无论是将新产品推向市场，还是寻求业务的外部资金，你都必须能够清晰而自信地表达你所提供的内容。成功的企业家会坚定支持他们的想法，不会让对他人可能的看法的担忧阻碍前进。

在一篇关于科技女企业家的文章中，莫妮卡·伊顿-卡登强调了自信的重要性，即使在面对失败时也是如此。"我们通过失败走向成功。这意味着你有勇气尝试，而且你无法在不面对失败的情况下取得成功。" 对于莫妮卡·伊顿-卡登来说，失败并不是自信的障碍，特别是当企业家在市场上推销自己时，自信尤为重要。相反，失败可以变成一种力量。

在她改革支付处理解决方案的过程中，她自己就遇到了失败，并且这些障碍几乎导致她的业务崩溃。在她的网站上，她说："与其关门大吉，我决定从这个深渊中爬出来…我建立了一个完整的方案，基于我所学到的每一次试错的教训 —— 而且它奏效了。不久之后，曾试图关闭我业务的那些银行纷纷打电话寻求我的帮助。"

灵活性

为了拥有可持续的业务并取得长期成功，企业家必须愿意在必要时进行调整。无论是重新调整产品以使其更好，还是修改业务策略以保持竞争力，那些过于僵化、害怕接受变化的企业家都处于不利地位。

当企业家在方法上灵活时，他们能够抓住新的机遇，这在长远来看可能会取得回报。那些迟钝于变革的企业主可能会错失创新和适应客户需求的宝贵机会。

灵活性的教训是企业家Hyungsoo Kim在开发Eone首款产品——一款面向视觉障碍者的触感手表时学到的。该手表的第一版依赖于盲文，外观缺乏吸引力，并且对于非视觉障碍的人来说并不实用。

在一次焦点小组会议中，Kim和他的团队发现他们的客户希望推出一款即使对于那些没有视觉障碍的人来说也具有吸引力和包容性的产品。这是设计团队没有考虑到的事情，他们不得不重新开始。

"在那次会议之后，我们的概念原型实际上被扔进了垃圾桶。我们正在建造一些我们认为他们想要的东西，基于普遍的误解和刻板印象。"

然而，这个教训影响了他们的品牌和其价值观。"我们将我们的名字改成了Eone，简称Everyone（所有人）。"

冒险家精神

"要取得大成功，有时你必须冒大风险。" – 比尔·盖茨，微软联合创始人敢于冒险是一位企业家最宝贵的技能之一。当企业主愿意冒险时，他们能够在业务中学到宝贵的经验教训，这有助于他们的公司在长期内取得成功。

冒险还帮助企业找到与竞争对手不同的新方式，这在饱和的市场中尤为有帮助。即使冒险没有产生预期的结果，企业家仍然可以将所学到的宝贵经验教训应用于未来的业务决策。

微软的比尔·盖茨被认为是这句话的作者："要取得大成功，有时你必须冒大风险。" 盖茨在微软的历史中确实冒险，但也许他最引人注目的风险是在1975年大二时离开哈佛创办公司。他的愿景是"每张桌子和每个家庭都有一台电脑"，这在当时是无法想象的。他为使这一愿景成为现实而付出的风险得到了回报，微软的价值超过了哈佛的学位。

坚韧不拔

"当你在职业生涯中已经经历了巨大的挑战时，它让小挫折看起来就是另一种视角。" – 金伯利.科比，黑人女孩代码创始人兼首席执行官

最后但绝对重要的是，成功的企业家必须具备坚韧的意识。在经营业务时，企业家常常会面对关闭的大门，并经常被潜在客户和寻求资金的人告知"不"。

许多企业家如果初始想法不成功可能会尝试启动多个业务。根据劳工统计局的数据，近一半的小企业在前四年内倒闭。一些成功的企业主可能会发现他们最初的一些业务想法从长远来看并不可行，但可以将这些经验教训应用于新业务。无论企业家是否

获得销售或机会，还是不得不从头开始，面对挑战时保持坚韧和创造力是必不可少的。

黑人女孩代码的创始人兼首席执行官金伯利.科比在她的电气工程和生物技术职业生涯中遇到了黑人女性的不利境遇。正是当她的女儿表达了她对数学和科学的兴趣时，科比成为了黑人女孩STEM教育的倡导者。她创办了自己的组织黑人女孩代码，最初遭到了反对。在接受Shondaland采访时，科比详细介绍了"人们不愿意资助一个名为黑人女孩代码（BGC）的项目 — 他们会试图让我们改变我们的名字。即使是那些正在做类似事情的少数组织也没有认真对待我们。"

这些阻碍并没有阻止她，她用自己的401k基金资助了该组织。凭借毅力和坚韧，该组织蓬勃发展，并成为社会活动主义的代言人。

这些特质以及对自己想要实现的目标的愿景对于你作为企业家的成功至关重要。一旦你内化了你的动力，你就可以开始将目标写下，并制定具体的行动项来实现它们。

第三章

创新和利润

LinkedIn,互联网上最大的专业社交网络,对企业家有以下看法:"企业家是那些发现社会需求并试图通过创新的理念满足这些需求的人。另一方面,创业是指建立一个业务实体的过程,旨在在未来获得利润作为回报。"

这里有两个值得注意的短语,这两个短语真的引起了我的注意:"用创新的理念满足需求"和"以获利为目的"。

在这一章中,让我们了解为什么创新是创业不可分割的一部分,它对那些进行创新的人有什么影响,以及对那些不创新的人有什么影响。创新与企业家密不可分。它是一个必须拥有的、至关重要的、能够决定企业家成败的方面。如果企业家能够应对创新带来的变化,并成功地根据时代的变化塑造自己的业务,这无疑会带来利润 - 顺便说一句,这并不一定是货币价值。请继续阅读。

创新：企业家的生命之源

经典的陈词滥调，"变化是这个世界上唯一不变的事物"是准确的。每小时都会发现新的想法和方法－无论大小。

对于企业家来说，创新创造了新的机会，但不幸的是，也意味着另一种机会的结束。那么，企业家应该怎么办才能保持生机？简单。他或她应该不断创新，并随着时间的不断变化漂移，因为事实是，创新是一种生命之源。

自2001年1月，新千年的开始以来，世界见证了一切自动化的突然出现－汽车、手机、家庭助手和语音设备。技术将我们带到了一种体验，我们之前的几代人无法想象－用新的取代旧的。

打字机被电脑和平板电脑取代，传统图书馆被互联网取代，庞大的电话被手持设备取代。在全球冠状病毒（COVID-19）疫情之后，面对面的会议被Zoom会议或"虚拟会议"所取代。社交媒体平台Facebook推出了元宇宙技术，人们可以在在线空间中会面和讨论。每天，旧的被新的取代，世界不断地被创新带来的便利和突破所震撼－以一种好的方式。

根据美国西北大学发表的一篇文章，美国在2019年底至2022年5月之间平均每周失去两份报纸，使估计有7000万人处于已经是新闻沙漠的地方和有可能成为新闻沙漠的地方。在这之前，美国报纸的工作日发行量下降了7%，星期日发行量下降了4%，是自2010年以来最大的下降。如果这一趋势继续下去，到2025年将有三分之一的报纸会失去。

在这项研究中，报纸行业确实面临淘汰。再加上数字化的崛起，由疫情引入的新方法，印刷新闻行业被迫"振作起来或滚出去"。这就是为什么现在报纸公司别无选择，只能走向数字空间－社交媒体、在线新闻网站和YouTube－以提供最新的新闻和更新。

因此，我们得出结论，尽管创新对人类有益，但对企业家来说，它既可能是好的，也可能是坏的。一些企业发展壮大，但一些企业由于创新的影响而关闭。

根据麦肯锡公司在其网站上发表的一篇文章：

约翰·F·肯尼迪曾观察到，中文中"危机"的词由两个字符组成，一个代表危险，另一个代表机会。他在语言学上可能并不完全正确，但这种情感是足够真实的：危机意味着选择。这在今天尤其如此。

COVID-19疫情已经颠覆了生活的几乎所有方面，从个人（人们如何生活和工作）到专业（公司如何与客户互动，客户如何选择和购买产品和服务，以及供应链如何交付它们）。在我们最近对200多个跨行业组织的调查中，超过90%的高管表示，他们预计COVID-19的后果将在未来五年内从根本上改变他们的业务方式，几乎有一样多的人断言，这场危机将对客户的需求产生持久的影响。

耶稣、史蒂夫和创新

我们两位极端企业家的创新思维无疑是不可忽视的。正如他们被称为的"极端企业家"一样，这两位人物在创新方面达到了高度——改变了他们的时代以及随后的时代。

对于史蒂夫·乔布斯来说，他为竞争对手复制的技术创新里程碑。史蒂夫并不仅仅创造了一个"固定的创新理念"，相反，他为其他聪明的头脑打开了创新的大门，让他们发挥创造力。这就像引入了一个全新的理念，孕育出其他重大的理念，但仍然扎根于原始概念。

例如，乔布斯在移动电话上使用触摸屏技术的创新并没有导致死胡同，而是为更多的创新铺平了道路。当竞争对手开始复制苹果引入的功能并添加为触摸屏技术带来新价值的功能时，它孕育出了更多的概念。

另一方面，毫无疑问，耶稣是一个有远见和创新的人。耶稣的创新思维在他与门徒一起进行的各种奇迹中得到了体现，以及他是如何打破古老传统并用新传统取代它们，粉碎过时的信仰体系。

按照当时的传统，寺庙是拉比教导和敬拜上帝的唯一场所。会堂是人们聚集敬拜的地方。但耶稣是创新者。他知道上帝的爱存在于每个人之内，因此他将上帝的教导带到普通人聚集的地方。

耶稣为新的崇拜概念铺平了道路——教堂是"在你里面"（路加福音17:21）——教导上帝的爱是可及的——无论何时何地都可以需要。它开启了一种新的思想浪潮——上帝并不太远。当你请求时，他听到了。当你悔改时，他原谅你。求，就必得着。敲，门就为你敞开。等等。

今天，这些教导是基督教的基本原则——与上帝的联系不再是通过物质的寺庙或建筑物，而是通过个人与祂的联系，只要一个人相信。

以目的为导向的利润

到目前为止，这一章教导我们企业家创新是必不可少的。在创业创新中所做的努力都是为了盈利的目的——也就是说，创新有一种内在的动机。通常情况下，这是为了某种利润。然而，对于每个企业家来说，"利润"的定义是不同的。

作为企业家，我们都受到对利润个人定义的驱使。利润推动我们每天早上醒来并富有创新精神。让我们问问自己。我们如何看待"利润"？

你的创业灵魂是否呼唤你追求金钱利润？你是否受灵魂的驱使为在你的企业工作的人提供机会？你是否受到名望或国际关注的驱使？或者你是否像我们的极端企业家一样，受到灵魂的驱使来改变这个世界？利润的定义绝对没有对错之分。

然而，如果我们查看圣经，它讲述了超越金钱和财富的利润——警告我们应该如何获得利润。圣经对这个词有着更深层次的理解。这一定义已经使企业家们从金钱利润转变为"以目的为导向的利润"。在马可福音8:36中，耶稣对他的门徒说："人就是赚得全世界，赔上自己的生命，有什么益处呢？"

在这里，圣经教导我们企业家应该遵循道德和道德标准——永远不要为金钱或世俗的利润而出卖灵魂。圣经警告我们，为了得到整个世界而放弃灵魂是毫无价值的。在这里，我们学到，我们可能拥有这个世界所能提供的一切财富，或者获得世界的关注，但如果我们出卖了我们的灵魂给邪恶，我们是毫无价值的。

这一强有力的经文创造了每个企业家都必须遵循的原则——以目的为导向地建立业务。耶稣睁开了企业家的眼睛，告诫他们要保持他们的灵魂正直。耶稣教导了超越生命的利润概念——灵魂在离开身体后将继续存在，留下所有世俗的东西。耶稣教导每个企业家一代又一代的教训——建立持久的利润。

第四章

企业家的类型

每一份关于创业的在线材料或文献在区分企业家方面都有所不同。在搜索网络时,我们看到了许多不同类型和变种。我相信我们可以用简单的术语来区分它们。

但首先,我们应该记住是什么让企业家们相似:企业家可以作为一个单独的个体运营,从外部获得支持,也可以参与任何可能的事业,业务,非盈利组织,社会组织或其他任何可能的运营的跨国运营。然而,所有企业家并非一视同仁。虽然所有人都是以灵魂为驱动的冒险家,但这就是他们的相似之处。

为了提供一个更简单和清晰的视角,我将企业家分为三种类型:基础型、高级型和极端型。让我们深入了解每一种:

基础型企业家:改进已有的事物

任何开始经营的人都是企业家。我的柠檬水摊是一种有着非常短暂生命周期的创业活动——仅仅一天。基础型企业家是那些开设手工店、开修车厂、挂医生牌匾或开餐馆的人。基础型企业家的现实是二元的：你生存下来了，或者你没能生存。基础型企业家的目标是生存并从中获利。在所有基础型企业家的情境中，企业家都是在他/她的灵魂之上采取现有概念并对其进行改进。

一个激励人心的基础型企业家成功故事是雷·克洛克，他在1957年从一家餐厅发展成了约40,031家麦当劳餐厅（截至2023年3月），遍布100多个国家。

从一开始，克洛克的目标是通过特许经营模式拥有一个帝国，以实现快速增长。虽然餐厅数量对克洛克来说是一个重要的推动因素，但每个地点都必须盈利，否则他的帝国将会失败。每个地点都需要有足够的净利润来支持特许经营者，并提供由特许方规定的不断改进。管理风格必须是一个纪律严明的风格，以便客户体验在访问任何地区的位置时都是相同的。手册和培训涵盖了餐厅运营的所有领域，从清洁到食物准备再到物理布局。微小的细节都被纳入考虑，因此，从手册和培训的内容中几乎不允许任何灵活性。

我的基础型企业家经验是在1981年创办一家直销广告公司。与那个时代的许多代理机构一样，我们的传播领域包括直邮、印刷广告、电视、插页/赠品和电话营销。我们的成功与否取决于我们如何成功地协助客户取得成功。如果我们提供了积极的营销结果，我们就可以继续提供未来的更多服务。如果结果不是积极的，我们可能不会被再次聘用提供更多服务。我与竞争对手并没有做出什么非常不同的事情，因为我们都在以某种组合使用相同的媒体，不同的是我们开发的创意概念以产生结果以及我们产生的结果。

先进型企业家：追求更大

先进型企业家以创新的方式利用现有的技术、系统或流程，将他们的业务推向基础型企业家之外。杰夫·贝佐斯的亚马逊就是一个先进型企业家的例子。他从1994年作为在线书商开始，将邮购概念引入互联网，并将其发展成为多个业务。图书扩展到音乐，最终涵盖了从多个仓库进行库存和发货的各种产品。一项新业务利用在线技术和运行亚马逊租赁的系统，为其他企业运营其业务。另一项业务通过使用亚马逊营销和系统销售其他公司的产品，亚马逊会从销售中获得一定比例的提成。

多年来，亚马逊成功的衡量标准是总销售额，这让华尔街感到不悦。利润，如果有的话，是运营的副产品，用于进一步扩张业务。近来，利润已经开始积累，但仍然是对食品销售、零售、医疗保健、交付和许多其他我们尚未了解的机会等进行持续投资的副产品。先进型企业家的管理风格是积极进取的，因为涉足如此广泛的市场需要不断前进的愿景、运营和技术。

我的先进型企业家决策发生在1994年。那时，我的代理公司为一家大型计算机公司提供新客户获取计划。其中一个计划是关于如何使用这种被称为互联网的新技术的一系列研讨会。我参加了该地区的第一场研讨会。我看到的是直销营销传播的未来。我完全投入，于是我又创办了另一家公司，提供网站开发、与在线访问的数据库接口以及网站托管服务。我的现有代理客户基础几乎在一夜之间成为了我的互联网开发客户，因此我的扩张迅速展开。

我对这种新的通信技术如此激动，以至于我带着一些技术人员和设备去了1994年的国际直销协会大会作为参展商。在那次会议上，一位领先的邮购目录顾问看了一眼这个概念，说："（互联网）在邮购行业永远不会有所作为。"亚马逊等企业证明了他的预测是不正确的。我在2000年出售了这家互联网公司，原因有两个：

首先，我一直在全球旅行进行咨询，其次，作为非技术专业人员运营一个以技术为中心的公司在我的咨询（和个人）看来是疯狂的。

极端企业家：系统的颠覆者

这类企业家的人数极少。极端企业家的目标是为人们提供新的体验。他们通过对其概念的接受度来衡量自己。他们的愿景是改变世界，他们并不真的在乎是否赚钱。日复一日，极端企业家努力将方向盘从当前方向转开，走出常规、标准和当前的信仰体系。极端企业家颠覆了体系，颠覆了现状，最终带来了新的东西，一些能够改变生活的东西。

  瓦尔特·迪士尼就是其中之一。他建立了一个以一只驾驶轮船的动画老鼠为核心的娱乐世界。当他于1955年开设迪士尼乐园时，他将当时的康尼岛式游乐园变成了一个目的地娱乐公园。根据他们的网站，迪士尼乐园和度假村是六个世界一流的度假胜地，拥有十二个主题公园和五十二个度假村，"正在制造终身难忘的回忆。"根据安德鲁·比特尔（Andrew Beattle）在2018年10月的Investopedia文章中所说，"瓦尔特·迪士尼是任何经济体中最强大的行业之一：娱乐。"

  在我创业之前，我曾有机会与迪士尼组织合作，为他们的礼品店制造迪士尼角色的人物。我记得那本角色标准手册是一份庞大的文件，展示了每个角色从各个角度的形象。其中一些规则：

  米奇老鼠、米妮老鼠、高飞和唐老鸭总是戴着三根手指和一根大拇指的手套。老鼠的耳朵永远不在侧面显示，它们总是正对着，正面或背面。

四十年后依然记忆犹新，因为它是如此令人印象深刻和具体，以至于在呈现任何角色时都没有任何余地，正如自1928年创立以来一直如此。这说明了极端企业家对提供期望体验的细节的关注。

今天，迪士尼在娱乐行业是一股强大的力量，并且永远存在于每个孩子和心中的孩子的生活中。迪士尼继续将其无与伦比的品牌带到其所有的主题公园、歌曲、电影，甚至到其商品上，以至于当人们看到其标志或图标的图像时，人们会感受到这种体验。迪士尼成功地将世界带到了超越物理连接的情感连接。

综上所述，我们得出结论：极端企业家与我们所了解的其他两种企业家迥然不同。极端企业家具有确实使他们与其他两类企业家区别开来的特征——他们超越了企业家精神的边界，带来了创造新的方式、思想和信仰的新概念。

创业者的灵魂

将创业者划分为三组的目的是为了说明所有创业者并不相等。我和杰夫·贝佐斯都在1994年接受了互联网，并开始利用这项技术创业。他现在是世界上最富有的人之一，而我正在写作。他的目标是利用这项技术作为一家邮购公司。

我的目标是为客户提供一种几乎免费的营销传播媒介。他对这一媒介的应用超越了所有其他邮购公司。而我则被网页开发者和DIY网页技术的浪潮淘汰。直接营销协会现在是数据营销协会，反映了通信和数据收集的结合。这种转变告诉你通过互联网收集了多少客户和潜在客户的信息。每一次浏览器活动都可以被存储和分析，从购买到预览，即使没有购买。但这是另一本书的素材。

创业者的灵魂是任何规模企业的水印。它通过吸引顾客和雇员来表达自己。在特许经营的情况下，其可交付物由特许方定义，创业者通过雇佣的人表达他/她的灵魂通过他们与顾客的互动。特许经营者无论是有意还是无意地设定了示范和标准。一个简单的例子是特许业主微笑而不是冷笑的态度。脾气暴躁的业主会培养脾气暴躁的员工，这对客户服务并不利。

史蒂夫·乔布斯的招聘标准是雇佣努力工作、聪明的人，而不是功能专家。事实上，他在根据简历经验招聘方面表现不佳。招聘实践包括将候选人置于正在开发的技术面前，看他们的反应。申请人如果没有激动和惊叹，就不会被录用。那些灵魂被他的理念和想法所吸引的人，通过产品表达出来，对于苹果的成功至关重要。乔布斯的态度是聪明的人可以解决问题，无论他们过去的经验如何。因此，在苹果的成功掌握在员工手中。所有员工都"上车"，对完美的期望至今仍然存在，即使在史蒂夫·乔布斯去世多年后。苹果是当今世界上最大的公司之一。

耶稣基督有十二名直接的"员工"，被称为他的门徒。这些是十二个普通人，再加上一些女性追随者。他们都不是犹太利未人。他挑选的是那些能成为好门徒并成为好使徒的人，使他们负责将他的信息传播到全世界。十一个门徒在五旬节后分享了他们的灵魂，理解了他们的使命，圣灵来到他们那里。每个人都将教义和足够的解释传达到足以改变人们从害怕到爱的态度。他们的成功是如此之大，以至于基督教拥有超过20亿的信徒，占世界人口的约31.5%，根据PBS学习媒体的数据。

每一类创业者都必须找到相似的灵魂。雷·克罗克必须找到那些能够在他的规则下茁壮成长的灵魂，他做得相当成功。杰夫·贝佐斯必须找到那些能够接受他的愿景，然后在每个业务中成功运营的灵魂。史蒂夫·乔布斯需要有能力的人，他们的灵魂理解他的需求，将技术带给每个人，让他们愉快和享受。耶稣基督必须有那些能够通过他们的灵魂传达爱作为对恐惧的替代生活方式的灵魂。

从现在开始，我们将专注于极端企业家。并不是说这是一种更优越的企业家类型，而是它是最难理解的类型。这是所有企业家中最复杂的，只有极少数人属于这个类别。这是一种突出的企业家类型，其灵魂与众不同。

第五章

极端企业家

在前一章中，我们将创业者分为三类：基本、高级和极端。将它们分为类别使我们更深入地理解了极端企业家究竟是什么，为研究史蒂夫·乔布斯和耶稣基督这两位人物提供了更好的基础。

每个人都有一颗灵魂，驱使着他们改变世界的愿景。由于他们动摇了体系，提出了在他们各自存在的年代里为世界创造了一套新的方式、思想和信仰的概念，因此他们符合极端企业家的类别。让我们对这两位进行比较探讨。

在本章中，我将回归我在哲学专业取得的学士学位。仅仅了解企业家的特征并不足以理解与极端企业家相关的形而上学或哲学。

哲学涉及与人类有关的难以回答或深奥的问题——我们的形而上学存在，包括我们的身体存在。提出问题，比如，是什么让我们冒险，或者为什么我们应该更喜欢那些帮助我们实现愿景的人，而不是愿景的美和优雅，或者大地和天堂之间的分界线在哪里？这就是在询问哲学家们几个世纪以来一直在探讨的问题。在这一点上，我们将从特质和特征中脱离出来，进入到极端企业家的形而上学领域。

极端创业者的特殊之处在于他们的参照点。为了解释这一点，我们将探讨柏拉图在《理想国》中解释的分割线，大约写于公元前500年左右。在某种程度上，这条线分为两个主要类别：物质和理智。见图1。

在物质世界中，我们处理的是物质对象。在柏拉图的比喻中，可见的世界有两个层次：图像和物体。学习始于图像，书籍或洞穴壁上的图片，通常有口头解释的支持。例如，一棵树的图像提供了足够的信息，以便当我们看到实际的树时，我们知道它是什么。另一个例子是纸上描绘的一个正方形。由于它已经是一个对象，但如果我们拍摄对象的照片，照片就成为一个可识别的图像。这说明在可见的世界中，这个过程可以在对象和图像之间的任何方向上移动。

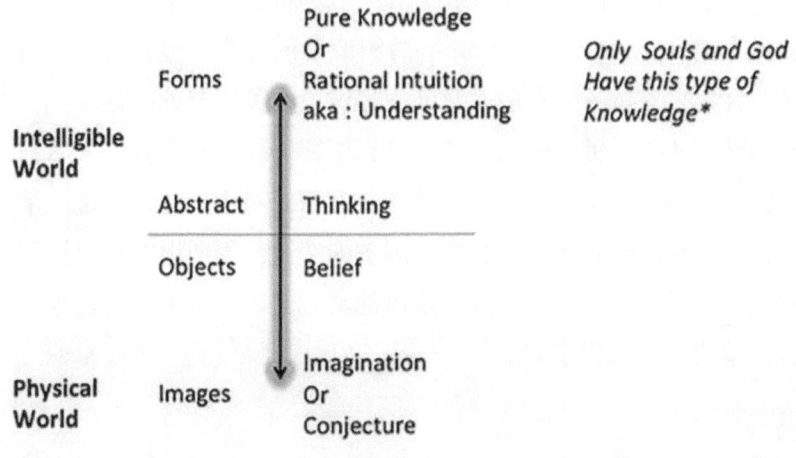

图1

从物质世界转向理智世界，正方形会从一个对象变成一个定义：

正方形是一个具有四条相等边和四个90度角的二维对象。这个定义区分了正方形和一个具有三条边和三个60度角的二维对象，即三角形。我们的思维过程赋予了我们在没有任何视觉表示的情况下进行区分的能力。

柏拉图断言，正方形的定义存在于我们理解与否的情况下。他将这个层次称为"形式"，这将成为我们极端创业者的本质。史蒂夫·乔布斯和耶稣基督都有一个在他们各自的灵魂中的形式。他们创业的挑战是为我们翻译，让我们理解每个人是如何使我们的生活更有魔力和意义的。他们灵魂的内容是先验的，先于经验。在这两种情况下，他们没有一个存在的现实是他们学到的。他们被他们的灵魂引导，其中包含他们和只有他们知道的东西。

在图1中，形式可以被我们的灵魂和上帝理解。这个图形和解释来自在线教育网站Quizlet.com。（尽管我努力了很多次，我无法再次找到这个Quizlet.com的牌组或谁创建的，但我对它深表感激，因为它支持了我在后面章节中将讨论的关于灵魂的论点）。典型的学习从物质世界开始，并上升到理智层面。对于我们大多数人来说，学习在抽象或思考层面停止。然而，对于一些人来说，学习确实升华到理解或形式的层次。阿尔伯特·爱因斯坦的相对论理论彻底改变了物理学。他的理论来自他灵魂的理解，因为对他来说没有先验的工作可供学习。

职业与耶稣：科技与爱

对于极端创业者来说，他们的灵魂具有形式，先验的理解，而他们的任务是将其传递到我们能够理解的层次。乔布斯和耶稣都以对人性化任务的完全理解而生活。

在两种情况下，挑战是相同的，将他们的灵魂指引的东西转化为可执行的现实。每个人都必须将未知的事物转移到一个无知的世界，朝着一个能够理解一切的世界。乔布斯的灵魂设想普通人能够有益地掌握技术，作为史蒂夫·乔布斯所说的"思维的自行车"。他将图形用户界面（GUI）改编为比喻性图形，为我们提供了点选简单选择的方式。这些改编使普通人能够使用基础技术，而无需任何编程经验。科技的引入没有妨碍生活，直到他的创新使生活变得更加神奇。

耶稣的灵魂，另一方面，有着为人类奠定基础的使命，使人类理解我们是谁，如何共同生活，以及如何在地球上拥有幸福，而这不是基于恐惧而是基于爱。

他看到的世界与当时存在的完全相反。人们害怕无法达到宗教领袖的期望和规则。他们害怕罗马军队和来自罗马的控制结构。恐惧是那个时代的货币。通过他为期三年的事工，耶稣演示了爱是比恐惧更好的货币，并且他实践了他所教导的。例如，基督告诉人们要爱他们的邻居如同他们自己一样，这意味着罗马人和教堂领导人也一样。他教导人们要爱那些在当时被社会蔑视的人，如同他选择门徒的放大一样。他的选择是不寻常的：一个是狂热分子，一个是小偷，一个是税吏。其余的都是普通人，在社会中不受欢迎。

更重要的是，经文告诉我们，即使他的门徒对他们的领袖将他们带到何处感到怀疑。耶稣信奉一种不受欢迎的信仰或实践，如果今天发生，它可能会成为病毒社交媒体内容。他的方式是非传统的，推动了规范的边界。他撼动了体制。

但是耶稣的教诲基础是爱。他的生活教导人们接纳罪人，并且宽恕是对每个愿意悔改的人免费提供的，无论他们的罪孽有多重或他们的社会背景如何。

他对人类的概念是自由去爱和被爱的个体。他用"寓言谜题"与我们沟通，这是一些可以有无尽解释的短篇故事。关于酵母如何使面包膨胀代表上帝的国度。或者关于一个迷路的儿子如何败坏了他父亲的好名声却得到了宽恕。

好撒玛利亚人的寓言在其吸引力和解释上是普遍的。通过寓言，耶稣的话语既可以是形而上学的，又可以是实际的。

第六章

人或物

我在国会担任了几年的州代表。我在众议院的第一年是一个直线上升的学习曲线。显而易见的是，立法者在制定法律。我们提交法案以制定新法律和/或修改或废除现有法律。当修改被添加时，这个过程需要大量阅读和反复阅读。令人困惑的部分是经验丰富的议员用速记说话，并利用他们对过去立法的了解。几年过后，很明显，许多法案主题在每个新的两年任期都会重新审议，以撤销或重新执行现有法律。因此，随着时间的推移，许多主题都会被重新审议，因此不需要太多的学习。

由于第一年的学习曲线非常陡峭，因此我决定与资深议员交流，找出生存的扶手和生命线所在。在这些谈话中，一位资深代表说："人或物"，这始终是决定。国家在哪里最有效地支出其收入（税收、费用和罚款），至少在每位立法者的心中是如此。重点是国家雇员的工资和福利、公共教育和/或公民服务吗？还是道路、桥梁和卡车更好地利用资金？所有选项的答案都是——是的。

人和物都很重要。在对人或物的分类进一步评估时，变得清楚的是，对物品的资助通常会影响人们。例如，新的州警车和设备可能会通过更好地执行限速来降低州际高速公路的平均速度。由于有更多或更好的执法，驾驶员的行为会发生变化。然而，雇佣更多的州警察可能会产生相同的效果。

因此，决定是，改进的设备还是更多的州警察更好用资金：从州警察的角度来看，两者都很重要，这就是立法变得困难的地方。降低州际公路的平均速度是否比减少药物死亡更重要？被称为平均速度的物体是否比因药物过量而死亡的人更重要？对于立法者来说，这样的问题一直存在。人或物。

极端企业家：人或事物

这本书揭示的两位极端企业家有两个不同的灵魂。史蒂夫·乔布斯推出了让顾客喜悦的产品。耶稣基督推出了一种新的方式来对待、评估和在这个世界中生活，使人类欣喜若狂。正如我们将看到的，这两者并不是互相排斥的。

基于人或物的二分法有助于我们理解这两位极端企业家的个性。史蒂夫·乔布斯百分之百地专注于物品，即苹果产品，在人际关系层面上显然对人们不关心。他关心顾客使用苹果产品的体验，任何不分享他愿景的人都无法搭乘他的船。他的激情和频繁的对抗推动他的员工取得超出他们自己期望的结果。史蒂夫·乔布斯是苹果的领导者，实现了他的灵魂所指引的，即为思想提供的自行车。

另一方面，耶稣基督百分之百地专注于人，对物或物质世界不感兴趣。他的任务是将人类从外部规则和以创造恐惧为基础和指导原则的力量中重新引导，而是将他们引导到自己以及与他人和上帝的关系中。他的灵魂为他的追随者和我们提供了完美的榜样。他爱着与他接触的每个人，即使社会规范表明另一种情况。

当耶稣要求我们"爱邻舍如己"，这放大了他对人的关注。他对于任何物品来补充他的请求并没有必要。他厌恶偶像崇拜，并谴责了会堂的商业化。他还将邻里的概念扩展到包括所有人，无论是朋友还是敌人。任何花时间学习耶稣的教导的人都知道他们是被爱的，也应该去爱。爱对人类来说就像水对鱼一样重要。爱无处不在——基督通过他生命的最后时刻——他在十字架上的死——向我们展示了爱的力量。**人、物、两者都有**

然而，对人和物的最终分析是，专注于物品的企业家也经常为人们开发物品。在史蒂夫·乔布斯的世界中，苹果产品的开发旨在提高人们的体验和能力。对基础设施事物的投资最终也是为了改善公民的生活。

例如，我的教堂通过我们称之为"救世军"的方式收到圣诞礼物请求。显然，礼物请求是物品，衣物和玩具。然而，购买和包装礼物的教友并不是为了"物"的缘故。他们这样做是因为有些孩子将收到这个礼物，他们的生活将会更快乐一些。这些物品是每个成员爱的表达。事物对人们有巨大的影响。它可以改善生活，它可以带来幸福和舒适，就像为失去成员的悲伤的家庭献花一样提供情感上的安慰。

虽然这个世界的物质东西确实会消逝，但我们可以从前面的例子推断出这样一个事实：我们看待"物"的方式在我们的生活中具有重要的意义。我们是否专注于这个世界的事物给予我们的好处？还是我们专注于利用这个世界的事物来为其他人创造重大的变革？如果我们选择后者，这只意味着我们已经成功地结合了我们两位极端企业家的思维方式。

阴阳及其重要性

阴阳（图1）是一个象征古老中国哲学的图标，关于对立关系——黑与白、男与女、人与物。正如中国哲学所教导的，正是这些对立面的相互作用影响着我们所经历或实现的结果。

史蒂夫·乔布斯和耶稣基督相隔两千年，所以只有我们这些生活在苹果时代并且是基督徒的人才能体验到他们的阴阳之利。

我们现在的一代从苹果科技中享受到舒适的水平，同时也享受到基督徒称之为"恩典时期"的好处——意味着我们生活在一个有机会获得自由救赎的时代，只要我们相信他，并接受耶稣为我们的主和救主。我们不再需要为此劳碌，或者偿还由我们的罪过引起的债务——这是通过他的恩典免费提供的。

想象一下，体验使用苹果产品从来都不会太迟。同样，体验由耶稣提供的生活的欢乐和救赎也永远不会太迟。

图1

每个人的灵魂都可能对"事物"的感知产生影响。一个很好的例子是关于三名正在建造新教堂的石匠的故事。有人问这些石匠他们在做什么。

第一个说:"我正在建一堵砖墙。"

第二个说:"我正在建一座教堂。"

第三个说:"我正在建一座宏伟的建筑,人们将在这里赞美上帝的名字!"

你看,所有三个石匠都在做同样的事情,但他们的灵魂使他们得出了不同的结论。在这三个石匠中,你认为谁取得了最好的结果?我猜测每个石匠都有相应的不同程度的工作满意度。

对于我们的极端企业家来说,他们的动力不在于"事物"。史蒂夫·乔布斯致力于"在宇宙中留下一点痕迹"。他的灵魂远远超越大多数思维和愿景,可以说他随着一位不同的鼓手舞蹈。耶稣基督努力要用爱的生活取代恐惧的生活,而且不仅仅是为了犹太人,而是为了所有人类,帮助每个人知道他们的灵魂中有上帝的爱。

极端企业家:财富与名望

极端企业家共同的一点是,他们对金钱这个东西不感兴趣。

收入、利润和可支配现金从未是我们极端企业家的动力。他们所有的精力都致力于他们的使命、动机和个人任务。我们可以从他们身上学到一些东西,专注于金钱并不会增加一个人的成功。正如运动员不能专注于比分牌,否则他们的体育努力将因分心而受到影响,极端企业家的灵魂总是保持主要的事情为主要的事情。他们的目光集中在他们选择的事业上,但并不是被金钱所驱动的。

马太福音6:19-21揭示了耶稣对金钱财富的看法："不要在地上为自己积攒财宝，地上有虫子和锈蚀，还有贼挖窟窿来偷。倒要在天上为自己积攒财宝，天上没有虫子和锈蚀，也没有贼挖窟窿来偷。因为你的财宝在哪里，你的心也在那里。"新约圣经的另一节经文说："因为贪爱钱财是万恶之根；有人贪恋钱财，就被引诱离了真道，用许多愁苦把自己刺透了。"（提摩太前书6:10）

从这节经文中可以看出，耶稣对金钱从未有过兴趣。他更关心投资于那些既不能破坏也不能摧毁的属灵财富。

极端企业家：关于社会观念

我们的极端企业家共同之处之一是，他们对社会对他们的看法不感兴趣。他们不寻求认可、头衔或赞誉。他们不想因为出色的工作而受到赞扬。

当史蒂夫·乔布斯发起"与众不同"内部运动时，他说："这是为了那些疯狂的人，异类，叛逆者，惹麻烦的人，在方形的孔中的圆钉...那些看待事物不同寻常的人，他们不喜欢规则，对现状毫无尊重。你可以引用他们的话，与他们意见分歧，美化或诋毁他们，但唯一不能做到的就是忽视他们，因为他们改变事物。他们推动人类前进，虽然有些人可能认为他们是疯狂的人，但我们看到的是天才，因为那些疯狂到认为他们可以改变世界的人，才是真正改变世界的人。"

现在，我们看到乔布斯和耶稣之间的一个明显的共同点。两者都采取了非传统的方法来实现目标。两者都相信那些不合群、叛逆和惹麻烦的人才能改变世界。

你知道，在耶稣的时代，他有一群非传统的门徒－普通人，罪人，那些社会认为不可能被赋予更高使命的人。

第七章

灵魂

为了探讨我们的极端企业家的成就，有必要为两者共同之处奠定基础。在前一章中，我们了解到史蒂夫和耶稣有两个极端的不同：一个过着以物为中心的生活；另一个以人为中心。但我们也了解到，作为一个人，你有能力通过事物影响人。

我们已经讨论了极端企业家的灵感并非来自这个世界或先验（经验之前）。但一旦他们有了灵感，现在就会产生这些问题：这个灵感在哪里被保留和培养？是什么驱使他们每天保持专注？是什么推动他们的行动？

众所周知，两位极端企业家都给人类留下了深刻的印象，但他们共同的主要驱动因素是这个方面 - 他们的灵魂。在本章中，我们将揭示我们两位主要角色的灵魂。正如本书开头所讨论的，灵魂是指南针，然而，它可能是具有欺骗性的。因此，人们需要获得一种明智的头脑，平衡灵魂的指引。

史蒂夫·乔布斯与灵魂

史蒂夫·乔布斯和耶稣基督以不同的方式谈论灵魂。乔布斯在他于2005年向斯坦福大学毕业生发表的演讲中提到了灵魂如《像史蒂夫·乔布斯一样思考》一书中所引用的：你的时间有限，所以不要浪费在过上别人的生活上。不要被教条所困——那就是活在别人思考结果的桎梏中。不要让他人的意见噪音淹没了你内心的声音。而最重要的是，要有勇气跟随你的内心和直觉。它们不知怎么地已经知道你真正想成为什么。其他一切都是次要的（强调添加）。在这段文字中，他提到"跟随你的内心和直觉"实际上是在说要跟随你的灵魂，因为"它们不知怎么地已经知道你真正想成为什么。"在我看来，乔布斯是在谈论自己的经历和信仰，毫无疑问，他渴望"在宇宙中留下一点痕迹"。对我而言，最有价值的信息是，"你的时间有限，所以不要浪费在过上别人的生活上。"这是乔布斯对我们每个人的忠告，要追随我们的灵魂或"内心的声音"试图引导我们的道路。

乔布斯是从经验和他的生活哲学中谈论的。他的信仰是内在的。尽管他的信息是多么哲学和深刻，他将永远以他的神奇产品而闻名，这些产品继续增强人类对技术的运用。不能强调的足够的是，史蒂夫·乔布斯的创造是源于他的灵魂深处。

耶稣基督与灵魂

耶稣也拥有一套内在的信仰；然而，他的信仰与上帝共享。耶稣也知道每个生命体的灵魂都包含着一部分神性，来自上帝，创造者。正如理查德·罗尔在本书开篇所解释的那样："我们内在的小片天堂是由制造商在产品内部安装的，从一开始就存在！我们被赋予一段时间来发现它，选择它，并充分地活出我们自己的命运。如果我们不这样做，我们真正的自我将再也不会以我们独特的形式呈现。"

耶稣也教导说，爱是让我们的灵魂表达自己，并通过事物或人引导我们走向命运的关键。

在圣经中，耶稣说："要尽心、尽性、尽意爱主你的神。"（马太福音22章）

这段经文明确地描绘了三位一体：心灵、身体和灵魂，我们将详细研究每个元素之间的关系并评估其相互作用。在本讨论的范围内，我们将包括所有生命体：植物、动物和人类。这基于理查德·罗尔的一篇在线文章：我将灵魂看作是任何事物内在的终极意义，它被内在地保留着。灵魂是每个生命体内部的蓝图，告诉它是什么以及它可以成为什么。当我们在那个层面遇到任何事物时，我们将尊重、保护并热爱它。（强调添加）

采纳理查德·罗尔对灵魂的定义为我们打开了新的思考维度。

耶稣包含在我们身上的三个部分：

1. 心灵。所有有感知能力的生命体都有一种心灵，它提供一套认知能力，包括意识、想象、感知、思考、判断、语言和记忆，以及在背景中工作的自主系统，保持我们的心脏跳动和我们的生理系统正常运作。我们通常将心灵归因于大脑。
2. 身体。承载我们的心灵和灵魂的物质形态，使我们能够移动、沟通、听觉、视觉、感觉、嗅觉；以及执行功能。
3. 灵魂。使我们成为人类、动物或植物的无形部分。它是推动我们行动的力量，情感的仲裁者，灵感的源泉，我们步伐中的犹豫或弹跳，保持我们平衡的天平，以及激励或沉寂我们的声音。根据约翰·奥特伯格在《灵魂的守护》中的说法，你的灵魂是你的"你"。理查德·罗尔在《向上堕落》中说："你的灵魂有许多秘密。它们只向那些想要它们的人显露，而且永远不会被完全强加给我们。"

心灵、身体和灵魂：解释

为了更好地理解心灵、身体和灵魂，让我们建立一个文氏图（图1）。心灵是一个圆圈。身体是另一个与心灵同样大小的圆圈，位于心灵旁边。围绕这两个圆圈的是一个更大的圆圈，代表着灵魂。如果失去了心灵（非自主的），身体仍然可以运作。如果身体受到损害，心灵仍然可以运作。如果心灵和身体都停止运作，只要灵魂存活，生命依然可以"存在"。

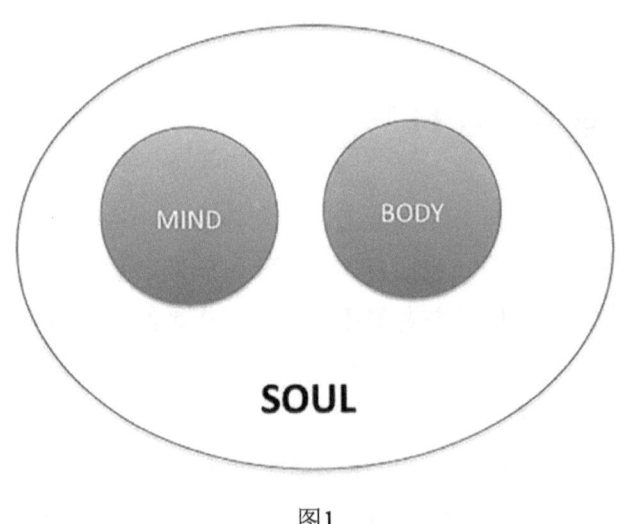

图1

我经历过后一种情况。我母亲患了一系列中风，夺走了她的思维和身体的运动能力。通过饲管提供营养，保持她"活着"，因为她的自主系统一如既往地运作，即使没有她的意愿。她的灵魂战胜了一切。然而，在大约两年的非沟通、无知觉、不动的"生活"之后，停止了营养供给，最终通过剥夺自主系统继续支持灵魂所需的要素导致死亡。只有在那时，她的灵魂才不再是她存在的一部分。

那么灵魂离开身体后会发生什么呢？如果灵魂是制造商在我们每个人身上放置的一部分神性，那么它就像制造商一样是永恒的。柏拉图认为灵魂离开身体后会在星星上作为一个未出生的婴儿居住。基督徒相信灵魂会升天与制造商同在。一些亚洲宗教则认为灵魂将在另一个生命形式中重生，希望是人类。当我们的灵魂离开身体时，没有人真正知道会发生什么。当它发生时，我们就会知道。或者我们会吗？

在灵魂的定义中，您会注意到包括了植物和动物，不仅仅是人类。这是根据理查德·罗尔的著作《普遍的基督》中的说法得出的结论。采纳理查德·罗尔对灵魂的定义为我们打开了新的思考维度，极大地扩展了灵魂提供的功能和机会。

使用图1来解释植物。植物有一个依赖自主系统运作的身体，没有心灵，但肯定可以有灵魂。植物的灵魂执行植物生存和繁荣的任务。然而，如果环境条件不利，缺乏水源或土壤养分，或者发生其他一系列负面情况，植物将死亡，连同植物的灵魂一起消失。

更重要的是植物的灵魂和人的灵魂之间的吸引力。我们中有一些人，我不在其中，热爱种植美丽的植物、有用的植物和用于食物的植物。在生长季节，这些园丁似乎被彼此吸引，比较各种植物的情况。对我来说，享受的是在生长季节成功时可获得的丰富的黄瓜和番茄。我认识的一个人整个夏天都在照顾一个能产出她用于圣诞礼物的丰收的花园。她的灵魂的一种享受是种植和保存她用于圣诞礼物的丰收。总的来说，我在园艺方面是失败的。我将这归因于一颗在园艺中找不到满足的灵魂。

然而，我们确实有一盆蕨类植物，是我妻子的祖母送给我们的，她告诉我们，最初的蕨类植物在1890年代经由加拿大从瑞典来到了美国。每周浇水，每天让阳光照射几个小时，这盆蕨类植物每年都需要分裂和重新种植一次。花盆很大，放在地板上的带有滚轮的花盆，所以重新种植是一个大工程。结果是，每隔一两年，我积压了太多这些盆栽植物，我很高兴地赠送给别人。

　　这是我承认我确实对这个常青蕨类植物有一种依恋。在某些时候，当我们不堪重负时，我确实在重新种植时丢弃了一两部分，我敢说那让我感到难过。当时，我不知道有任何灵魂的吸引力。

　　现在，我明白了。这引导我们进入下一章。

第八章

灵魂力量

你的灵魂拥有超乎你想象的力量。虽然我们大多数人将灵魂定义为"精神"（或超越地球生活的永恒之物），但我们可以从灵魂中利用更多的能量、力量和影响力。灵魂的定义很广泛，重要的是我们要了解它的每一个潜力，以便能够利用它的影响力和益处。

灵魂对我们生活的影响的概念并非新概念。在柏拉图的《理想国》中，柏拉图描述了灵魂的三个部分——欲望、精神和思维。

根据汤姆·科恩斯博士（北西雅图社区学院，哲学101在线课程）的描述，这三个部分如下：

第一个是欲望，包括我们对各种愉悦、舒适、生理满足和身体舒适的无数欲望。有很多这样的欲望，柏拉图甚至不费心列举它们，但他指出它们经常会互相冲突。

第二个是富有斗志或热血的部分，即当它感知到（例如）一种不公正行为时会变得愤怒的部分。这是我们中喜欢面对并克服巨大挑战的部分，能够坚韧不拔地对抗逆境，热爱胜利、挑战和荣誉的部分。（请注意，柏拉图在这里使用的"富有斗志"并不等同于"

精神上的。"他的意思是"富有斗志"与我们谈论高士气的马的意义相同，例如那些拥有充沛能量和力量的马。）

第三个是心灵（nous），我们的意识。这是我们思考、分析、展望未来、理性地权衡选择，并试图衡量整体上什么是最好和最真实的部分。

在《灵魂的力量》一书中，作者张治刚博士列举了灵魂的许多特征。

你的灵魂有良知和智慧。它学习。你的灵魂有情感。你的灵魂拥有令人难以置信的智慧。你的灵魂可以自然地与其他灵魂沟通。你的灵魂与你的思维相连接。你的灵魂也可以奖励你或发出警告。

在这一章中，让我们深入探讨你的灵魂的各种力量以及你的灵魂如何与你周围的生命体连接。

灵魂的吸引力

一个很好的起点是你与伴侣或配偶之间的吸引力，尤其是如果你将其称为"一见钟情"，这经常用来描述我们生活中的许多奇妙时刻。这是当你的灵魂被磁化到另一个时的感觉。我将这一刻归因于我们的灵魂在柏拉图的定义的三个部分中都得到了满足：欲望、精神和思维。后来，我们会称我们的配偶为我们的"灵魂伴侣"，进一步认识到我们难以用言语表达的共同吸引力。

拥有一个灵魂伴侣，因此意味着有一个可以反映你的灵魂的人。你的欲望、精神和思维相连接。这就像将充电器插入插座，带来能量并使设备按照其功能工作一样。

在这一点上，是时候偏离一下，认识到我们的灵魂有许多可能改善我们生活的属性，它还具有一种真正为生活带来丰富的压倒一切的属性——各种各样的吸引力。存在于我们理解之外的维度，我们的灵魂可以被吸引到另一个灵魂，不仅仅是配偶，反之亦然。这种吸引力被解释为"物以类聚"。接下来的内容将吸引力作为我们灵魂的一部分纳入到许多层面。图1是这种吸引力的简单表达。

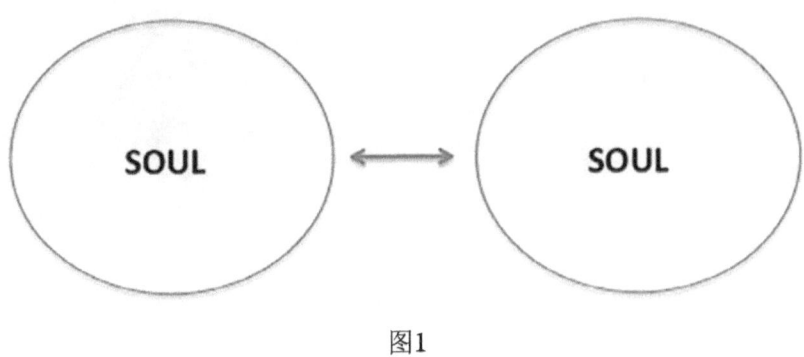

图1

这种吸引力不仅仅局限于人与人之间。另一种吸引力存在于人类与动物灵魂之间，即与宠物的关系。各种各样的动物都有一个心灵和身体，其中有一个支配性的灵魂。与宠物的纽带超越了对一个生命体的拥有。实际上，许多人宁愿与他们的宠物在一起，而不是与其他人类在一起。你是否有一只在精神上吸引你的宠物呢？

对植物的灵魂吸引也是可能的。这种吸引带来了舒适和满足感。对宠物的灵魂吸引可以带来振奋的心灵和幸福。对于植物和动物都无法茁壮成长，都会给我们人类带来一些程度的悲伤，甚至可能是绝望。然而，对其他人的灵魂吸引是所有吸引中最有益和/或毁灭性的吸引。

图2

图2说明了在不同层面上的灵魂吸引力。在这个世界的中心是我们的灵魂,约翰·奥特伯格称之为我们的"自我"。

我们灵魂吸引的下一个层面是家庭。最主要的家庭关系是配偶,其中经常使用术语"灵魂伴侣"来描述这种关系。我当然能够理解。我在十七岁时认识了我的妻子,并立刻知道她是我心目中的"唯一",幸运的是,她也有同样的感觉。我们在四年后结婚,今年将庆祝结婚53周年。家庭关系是一个各种各样的组合,从亲密到紧张不等,但它建立在通过婚姻或血缘关系分享的灵魂基础上。在与朋友讨论成年子女时,有些情况下既有吸引又有拒绝。我们与子女分享着深厚的灵魂之爱,但可能不愿意在他们周围。

接下来是我们的朋友的灵魂。在这里，我们可以有像家人一样的朋友。我们还可以有从同事到熟人的各种朋友。我们与这些人的联系通常是通过工作或一些共同的兴趣。

我们灵魂关系的外围是与各种社区的关系。就我个人而言，我许多层面上的朋友都在教堂的社区中。还有其他我参与其中但灵魂连接从未发展的社区。我是一个加入了一个同仁组织的50年成员，我之所以加入是因为我父亲和祖父都是该组织的成员。尽管我在理智上理解该组织的缘由和目的，但我的灵魂从未想过积极参与该组织。我还是一个老兵组织的成员，我的参与很有限。我决定用会费支持该组织是我的责任。

但我的灵魂对它的吸引力与我对军队服役的吸引力相同。尽管我是一个"军人的孩子"并且通过军事训练预备开始职业军人生涯，但我的灵魂与该组织没有连接。我在我的镇上的规划委员会任职了几十年，这是一项我的灵魂想要追求的服务，就像我被迫担任一年薪100美元的州议员一样。

一个令人困惑的社区是我的大学兄弟会。在我大学四年级的前三年里，兄弟会是最重要的一群人，也是我唯一愿意在一起的一群人。我们都通过这个团体实现了一些灵魂上的联系。在我大三的夏天，我娶了我的灵魂伴侣，而在我的大四，我对与兄弟们在一起一点兴趣也没有。我曾经回过一次兄弟会的校友聚会，星期五晚上到达，几乎立即等不及星期天离开。了解职业和挑战的最新动态是有趣的，但我对再次参与没有兴趣。那个时候，我的灵魂的能量更多地被吸引到我的妻子、我的新家庭上。因此，灵魂的吸引也可能随着时间的推移而改变方向。

当然，在存在灵魂吸引时，阴阳平衡表明相反的情况也可能是真实的。我们也可能会受到拒绝或排斥。这是耶稣的指导最为有效的地方。他说："要爱人如己。"

回到图2，你处于你的世界的中心，而爱自己必须是一个起点。你必须爱你的"自我"。如果你不这样做，这可能是一个迹象，表明你没有让你的灵魂成为你的吉米尼·克里克特（提供木偶匹诺曹建议的卡通人物）。

我们可能会因为各种原因拒绝一个群体，这是我们将在后面的章节中讨论的。但要知道，吸引和拒绝都是由你的灵魂统治并传达给你为了你自己的好处。加以利用。

在结束这一章时，问问自己：我的灵魂的哪个部分具有影响力？我的灵魂吸引着谁，我如何加强这种吸引力？我如何利用我的灵魂的力量？

第九章

史蒂夫·乔布斯

被誉为"个人计算机时代的魅力先驱"和全球领先手机制造商背后的有远见的天才，史蒂夫·乔布斯将手机技术推向了一个不同的水平。

即使在他于2011年10月5日去世（因与肿瘤相关的呼吸窘迫）并对技术做出了巨大贡献之后，很多人对这位极端企业家的生活仍知之甚少，以及他是如何通过他的灵魂——他的动力，将"凹痕"留在宇宙中的。从一个独特的概念到全球最有价值的品牌。史蒂夫·乔布斯是如何崭露头角并掌握权力的？

史蒂夫·乔布斯在出生时被领养，并在旧金山地区由一个蓝领家庭抚养长大。他上了大学，但在第一个学期辍学。史蒂夫在校园里呆了另一年，审查他感兴趣的课程，然后去了印度。1970年代是马哈拉瑜伽（Maharishi Mahesh Yoga）时代，超验主义和冥想的时代（您可以查看源信息以获取更多信息）。在经过七个月的旅行后，他改变了自己的外貌——剃光头并穿上印度传统服装。不久之后，史蒂夫在惠普公司找到了一份工作，在那里他参与了计算机的基础生产。那个时候，计算机占据整个房间，有抬高的地板，所以水可以在系统内循环以保持冷却。信息是存储在磁带上的，具有固定的记录长度和线性访问——现在的年轻人想到这些事情肯定会感到不适。幸运的是，我亲身经历过这一切。在70年代末，我受雇于美国童子军总部，负责将美国童子军引入邮购业务。我的任务很简单：向每个会员发送一份美国童子军商品目录。只有一个问题。关于会员的信息是按照组、军队和岗位组织的，而不是按家庭地址组织的。所需要的是将会员号码与该会员号码的家庭地址匹配，创建一个新文件，然后打印邮寄标签。没什么大不了的，对吧？

这个过程花费IBM大型机6天的时间来处理500万条记录。在此期间，总部的数据处理陷入停滞，其中包括为国家委员会人员打印工资支票。不用说，我在总部团队中并不是一个很受欢迎的成员。当IT人员向我的办公室交付了三个托盘的标签时，我知道是时候跳过午餐了。顺便说一下，至少美国童子军有大型机，而整个邮购行业都在使用看起来像狗牌的金属板，这些金属板放置在压床中，用于印刷邮寄地址。但我扯远了。

史蒂夫·乔布斯与苹果

在这个时候，史蒂夫·乔布斯遇到了他的技术伙伴史蒂夫·沃兹尼亚克，并加入了Homebrew计算机俱乐部，展示了第一台苹果电脑。那时，史蒂夫的愿景是计算机能为人们带来什么，而计算机行业的主导方向是为大型公司提供计算机。史蒂夫·乔布斯的灵魂从这时开始占据主导地位。他知道自己的使命不仅仅是成为一个"极客"，他想要让计算机成为"思维的自行车"。游戏开始了。

乔布斯交往的人主要像沃兹尼亚克一样，是计算机代码编写者。他们在计算机上的世界包括使用代码构建为计算机提供指令的程序。

有各种各样的计算机语言可供使用，但乔布斯对此毫不感兴趣。编写代码仍然存在。例如，以下是从apple.com首页提取的代码：<link rel= "alternate" href= "https://www.apple.com/" hreflang= "en-US" /><link rel= "alternate" href= "https://www.apple.com/ae-ar/" hreflang= "ar-AE" /><link rel= "alternate" href= "https://www.apple.com/ae/" hreflang= "en-AE" /><linkrel= "alternate" href= "https://www.apple.com/am/" hreflang= "en-AM" /><link rel= "alternate" href= "https://www.apple.com/at/" hreflang= "de-AT/> <link rel= "alternate" href= "https://www.apple.com/au/" hreflang= "en-AU" /><linkrel= "alternate" href= "https://www.apple.com/befr/" hreflang= "fr-BE" /><link rel= "alternate" href= "https://www.apple. com/benl/" hreflang= "nl-BE" /><linkrel= "alternate" href= "https:// www.apple. com/bg/" hreflang= "bg-BG" /><link rel= "alternate" href= "https://w5ww.apple.com/bh-ar/" hreflang= "ar-BH" /><link rel= "alternate" href= "https://www.apple.com/bh/" hreflang= "en- BH" /><link rel= "alternate" href= "https://www.apple.com/br/" hreflang= "pt-BR" /><link rel= "alternate" href= "https://www.apple.com/bw/" hreflang= "en- BW" /><link rel= "alternate" href= "https://www. apple. com/ca/" hreflang= "en- CA" /><link rel= "alternate" href= "https:// www.apple.com/ca/fr/" hreflang= "fr-CA" /><link rel= "alternate" href= "https://www.apple. com/cf/" hreflang= "fr-CF" /><link rel= "alternate" href= "https://www.apple.com/chde/" hreflang= "de-CH" /><link rel= "alternate" href= "https://www.apple.com/chfr/" hreflang= "fr-CH" /><link rel= "alternate" href= "https://www.apple. com/ci/" hreflang= "fr-CI" /><link rel= "alternate" href= "https:// www. apple.com/cl/" hreflang= "es-CL" /><link rel= "alternate" href= "https://www.apple. com/cm/" hreflang= "fr-CM" /><link rel= "alternate" href= "https://www.apple.com/cn/"

hreflang="zh-CN" /><link rel="alternate" href="https://www.apple.com/co/" hreflang="es-CO" /><link rel="alternate" href="https://www.apple.com/cz/" hreflang="cs-CZ" /><link

如果您使用的是微软操作系统的计算机，您需要具备编写代码的能力。开发人员正在创建更易于使用的程序，特别是会计应用程序。但即使是这些程序也是围绕用户能够编写代码来执行许多任务而设计的。

结果是可量化的，说明了史蒂夫·乔布斯作为一位极端企业家的认可。我个人是苹果产品的狂热爱好者。我的第一台苹果电脑有一个单色屏幕，并且每次使用系统时都需要通过光盘加载操作系统。苹果上的应用程序和工作都存储在软盘上，因此桌面上充满了各种各样的软盘支架。但作为市场传播业务的从业者，苹果提供了无与伦比的创造自由。文档可以在没有涂改液或划掉的情况下编写和编辑。用户首次可以选择字体，而不仅仅是IBM Selectirc®打字机提供的字模和字体。思想变成了电子页面和电子存储、编辑和打印。

苹果产品的早期岁月

我和一位合著者合作撰写了一本1986年的商业书，使用了苹果电脑和一个名为Quark Express的桌面发布应用程序。到了那个时候，苹果已经从一台乳白色的盒子变成了一个鼓胀的、多彩的桌面艺术品，然后变成了一个更像计算机的盒子，带有彩色屏幕。内部操作系统、应用程序和电子存储——真是太棒了！随着时间的推移，苹果变成了麦金塔，然后是iMac（"i"代表互联网），因为麦金塔是一台理想的用于访问万维网（www）的计算机。我的公司的创意开发时间从几天缩短到几小时，需要的人手减少了——对我来说，作为一名企业主，这意味着更少的开销和更大的灵活性。

　　作为客户服务业务的从业者，电话一直是一个重要的设备。我的第一部便携电话安装在我的汽车上，后备箱里有一个小手提箱大小的盒子。随着时间的推移，这被一部可以插入汽车或取出并用作便携设备的翻盖手机取代。曾经，一家电话公司的客户为我提供了一种文本设备，允许我使用书面文字（文本）与他们和有限数量的其他用户进行通信。我在使用文本设备时面临的最大挑战是微小的按钮键盘。然后，在2008年，iPhone推出了，迅速取代了翻盖手机及其繁琐的文本选项以及仅支持文本的设备。通信和信息访问，曾经在桌面上发展，突然成为了语音、文本、网络、图片和视频的便携现实。按钮变成了可以滚动的图标和触摸屏。iPad的推出真正淘汰了可携带格式中的印刷材料、可读的字体和图形。明智地，苹果采用了Kindle阅读器，推动了电子书的发展，可以进行即时下载和便携阅读。在2000年后，我在互联网作为营销和直销工具上提供咨询。我被邀请在新闻通讯业的一次会议上演讲。在问答环节中，有人问我互联网是否会取代他们的行业。我思考了一下，然后说，直到你能将互联网带到洗手间或壁炉前，否则不会。然后出现了iPhone，随后是更易读的iPad。谁知道，印刷新闻通讯的前景就这么没了。

　　从早上醒来到熄灯，我的iPhone和iPad一直在我身边，即使在使用MacBook Air或Mac桌面系统时也是如此。在路上，我的iPhone和我的钱包一样重要。没有iPhone，我怎么能过活？即使没有人打电话或发短信，我的iPhone也是我与世界联系的生命线。我并不孤单。一些额外的信息将支持乔布斯的灵魂已经与世界各地的灵魂融为一体的程度。

苹果电脑的崛起

自2006年以来，Mac销售了约1.16亿台计算机（据lifewire.com统计），目前在台式电脑市场占有约7.5%的份额。麦金塔台式电脑于1984年推出，其用户界面现在被所有类型的消费者和商业电子设备所复制，这些设备需要人类进行操作。Mac推动了桌面隐喻的发展，使用图标表示文件夹和垃圾桶，可以在其中存储或丢弃文件。图形隐喻的发展包括彩色的画笔和铅笔，以及在屏幕上操作的剪刀，就像它们在三维世界中的对应物一样。有各种常见的应用程序，它们都使用相同的用户下拉选项、弹出窗口、点击按钮、拖放文件移动以及同时打开多个应用程序的选项。点按可视化文档，剪切和粘贴编辑，以及设计。无需编写计算机代码。

它们始终包含鼠标（或触控板）作为扩展灵活性和增强视觉活动的接口设备。使用指针在计算机和不同应用程序之间自由移动。Mac引入了USB端口，淘汰了多引脚的SCSI端口。结束了软盘驱动器时代，并随着云技术的发展加速了CD驱动器的消亡。

颠覆者 iPod

iPod于2001年推出，重新定义了音乐产业。根据Statista.com的数据，自2001年10月推出以来，直到其停止分销，iPod在全球销售了4.5亿台。

受到来自Napster等网站的在线音乐下载的影响。艺术家失去了版税，音乐公司失去了对分销的控制。史蒂夫·乔布斯推出了最初的iPod，售价399美元，这个价格只有在iTunes提供每首歌0.99美元的单曲音乐下载时才有了实际价值。单曲购买的可用性几乎扼杀了CD销售，连同它，整个音乐产业的支柱——唱片店也随之消失。今天，唱片店只为老式黑胶唱片的收藏者服务，不再通过音乐公司支付的促销来设定潮流。行业支付的DJ失去了对人们听什么音乐的控制。独立的、非音乐公司的艺术家第一次有机会销售他们的音乐。最重要的是，这款光滑、无按钮的金属设备配合苹果耳塞成为了一种身份象征。控制权从音乐公司转移到消费者手中，拯救了录音音乐产业，使艺术家受益。

iPod于2022年5月停产。由于iPhone已经具备了iPod的功能，因此iPod已经被淘汰，现在已经集成到了iPhone中。

iPhone 和 iPad：重新定义的电话

截至2020年，全球约有10.42亿活跃的iPhone用户（businessofapps.com）。iPhone引入了触摸屏，并重新培训用户使用无按钮设备。它为iPhone用户之间的顺序短信提供了便利，这一功能扩展到了所有智能手机用户，无论品牌如何。它淘汰了手持游戏设备，并为各种应用提供了GPS。可以从在线App Store下载并安装在iPhone上运行的应用，就像从iTunes下载音乐一样方便。最近，历史频道有一个节目，"有史以来最伟大的100个小工具。"在检查了九十九个小工具之后，有史以来最伟大的小工具是智能手机，最初由IBM于1994年推出。正是在2008年，iPhone使用户能够使用便携式浏览器完全连接到互联网。iPhone放在用户手中的功能有：

- 电话
- 电话答录机
- 视频流
- 音乐播放器

- 电影屏幕
- 计算机
- 静态相机
- 电影摄像机
- 文本信使
- 电子邮件信使
- 多功能软件驱动设备，各种各样的应用。

iPad是一款带有Wi-Fi功能的平板电脑，于2010年推出，销量（截至2019年7月）达17亿台（Lifewire.com）。它比iPhone拥有更大的屏幕，字体大小足够大，可以阅读书籍、观看电影，是在沙发上冲浪、玩游戏、拍照和录制视频、听音乐的便携Wi-Fi设备。可以随身携带新闻和书籍。此外，iPad可以执行与上述iPhone相同的功能。

苹果手表

苹果手表在科技领域取得了前所未有的成功。它创造了一次独特的突破，其他公司只能模仿。苹果手表具有健身追踪器、心率监测器、GPS追踪器、心电图读数、短信等诸多功能。据MacRumors.com报导，全球有超过一亿人现在拥有一只苹果手表。

根据headphonesaddict.com的数据，截至2021年，苹果自Series 0以来已经售出了超过1.95亿只苹果手表。苹果手表的市场份额逐年增加。例如，在2020年第4季度，它占据了约48%的智能手表市场份额。到2021年，这一比例已经增长到51.4%，根据Gitnux Blog的数据。

苹果服务

苹果服务允许您订阅专为苹果用户提供的服务：iCloud、Apple Music、Apple TV+、Apple Arcade、Apple News+、Apple Fitness+。截至 2020 年，已有 6.2 亿人次订阅（businessofapps.com）。

还有其他产品，如AirPods，而当这本书发布时，可能会有更多新产品。但你能理解这个信息。史蒂夫·乔布斯的灵魂渗透在所有苹果产品中，吸引着全球忠实的苹果用户的灵魂。将各种技术交到普通人手中已经且将继续改变世界。这使得连接变得更加轻松和便携。他为其他人觉得太不可能的一切创造了一个快捷方式。

史蒂夫·乔布斯和"宇宙中的凹痕"

史蒂夫·乔布斯毫无疑问在宇宙留下了一处印记。通过他与合作伙伴推出的这些惊人的技术进步，世界再也不一样了。他彻底改变了手机的工作方式，并将创业推向了一个新的水平 – 他带来了一些比当前存在的更令人愉悦的东西。

他是一个完美的企业家的典范 – 一个把动力锚定在灵魂使命上，而不是金钱的人，他的使命是在宇宙中留下一处印记。他充满激情，足智多谋，富有创意，注重流程，具有纪律性。他拥有成功企业家的特质。然而，如果没有史蒂夫·乔布斯，世界上其他企业家可能仍然会推出其他能够改变世界的技术进步。但乔布斯提出了一项独一无二的创新。

三星、华为和其他手机制造商可能会推出类似的技术,但乔布斯确保他的想法是先锋－他的创业理念高于一切。这就是他在宇宙中留下印记的方式。

　　在这个竞争激烈的世界中成为一位杰出的企业家意味着要成为第一个发现可以为客户带来变革的创新的人,更重要的是,要成为其他人追随的基准。

第十章

耶稣基督

从12个门徒到20亿多的信徒，这跨越了两千年的时间。毫无疑问，耶稣的生平和教导超越了简单的历史。他的生命的伟大程度远远超过了曾经在这个星球上行走的任何人。他的起源是卑微的，他的死亡是悲惨的，他的教导是永恒的。《圣经》是有史以来销售最多的书，迄今为止已经分发了50亿本，并翻译成了3350种语言。它是有史以来被翻译得最广泛的书籍。无与伦比。

看着这些令人惊叹的数字，人们可能会想到：耶稣的事业成功的元素是什么？

让我们从一切开始的地方开始。耶稣出生在一个十几岁的少女家庭。为了自己的安全，他被带离了国家。几年后回到拿撒勒，在那里他像他的父亲一样学习成为一名木匠，同时尽可能多地在圣殿中学习，向和质疑会堂领袖提问。那时的犹太会堂非常有结构，基于《托拉》中规定的规则，该书包括《创世纪》、《出埃及记》、《利未记》、《民数记》、《申命记》和《约书亚记》，用于指导上帝的子民如何相处。在《出埃及记》之前，以色列人是奴隶，遵循他们埃及"主人"的规则，因此需要为人民的生存制定一套新的规则。

社会和神学规则的遵守落到了无地的利未人身上，随着时间的推移，他们正式确认了自己作为所有生命规则的守护者的角色。

有规则来管理日常生活的各个方面。如果不遵循规则，根据利未人的说法，会受到上帝的鄙视和不喜欢。因此，犹太人生活在会堂施加的恒定的恐惧中。但这并不是他们唯一的恐惧，犹太土地上的罗马占领者也让人害怕。所以犹太人几乎没有希望。"随大流"是一种更容易的方式，独立的自由意志被看作是渡过难关的一种方式。

耶稣的生平在12岁到30岁的时期无法追踪，那时他开始了他的事工。在30岁时，耶稣开始招募门徒，他计划指导他们，与所有人分享他对上帝的解释。为了发表自己的立场，他将水变成了酒，以便婚宴可以继续，这被认为是他的第一个奇迹。耶稣的许多教导都使用了寓言，这是讲述道德或灵性教训的短篇故事。其中一个例子是两个儿子的寓言。一个儿子要求他的产业分给他，然后离开失去了一切。当他回来时，父亲举行了一个宴会，欢迎他回来，说明了地球上的宽恕，这是一种爱的行为。他解释了上帝对我们所有人的爱和无尽的宽恕。福音书中有31个独特的寓言，每个寓言都旨在在过去的两千年中得到重新审视。

他还在翻转兑换商的桌子时要求关注，这些兑换商是崇拜服务的促进者的一部分。耶稣是个叛逆者。他的意图不仅仅是打翻兑换商的桌子，而是要打翻当时的整个苹果车（这与苹果电脑有关）。对于耶稣来说，最重要的是教导人们爱自己和他人，这与会堂领袖的教导相反。

转折点

有一天，法利赛人问成年的耶稣："上帝的国什么时候开始？"

耶稣回答说："上帝的国不是通过可见的迹象引入的。你们不能说，'在这个地方它已经开始'，或者'在那个国家的某个地方它已经开始'。因为上帝的国在你们心里"（路加福音17:20-21 TLB）。

这是一种革命性的言论，成为此后世界统治方式的转折点。上帝不再是法利赛人要解释的某个地方的存在；上帝存在于我们每个人之内。既然如此，我们每个人都有实现耶稣教导传达的上帝之道的固有能力。耶稣不在乎一个人是否是犹太人或外邦人，所有人都有上帝之内。没有人比其他人更受选择。耶稣教导说："你们祈求，就给你们；寻找，就寻见；叩门，就给你们开门"（马太福音7:7-8 NAS）。对于听到耶稣讲话的被压迫的人来说，这是一种伟大的观念，无论是犹太人还是外邦人。上帝离人们更近了。耶稣给出了一个新的上帝观念：一个可以随时启动的上帝——一种更加个人化的联系。

除此之外，他给予人们希望，告诉他们有改善生活的方法。他接着说："凡劳苦担重担的人可以到我这里来，我就使你们得安息。当负我的轭，学我的样式，你们心里就必得享安息。"

一个人如果遵循耶稣的教导，他的灵魂就会得到安宁。这与将灵魂连接起来的思想，今天和将近两千年前一样真实。

灵魂、爱、上帝

我们之前讨论过耶稣的教导："要爱人如己"，这是一个必须并确实与许多灵魂共鸣的基础教导。如今，全球基督徒人数约为21

亿（religiouspopulation.com），主要集中在西欧、北美和南美，占据全球人口的约28%。这是在一个没有大规模传播、没有互联网、少量书籍以及除罗马权威之外故意抑制任何权威的时代，能够有如此多的追随者，这是耶稣的教导在很多人心中产生共鸣的结果。

耶稣提出了一个成功的组合。他结合了三个变量：灵魂、爱和上帝。这为每个人提供了一个全新的概念。我们每个人都有上帝在我们内心，因此我们有能力理解上帝要我们知道的事情。我们每个人都有一个影响并经常推动我们采取行动的灵魂。我们采取的行动应该基于爱，被爱，并爱其他所有人。

在约翰福音13:34中，耶稣明确定义了这一点："我赐给你们一条新命令，乃是要彼此相爱；我怎样爱你们，你们也要怎样相爱。"爱是他教导的基础，在这节经文中，他定义了我们应该分享的爱的种类，这是他对我们的爱的同等程度。

耶稣的教导作为法律的基础

大约花费了1800年的时间，耶稣有关爱和内在上帝的教导才被一个由成为美国的十三个殖民地的思想家们创建的政府所采纳。几位志同道合的灵魂联合起来，制定了结束英格兰统治的被压迫殖民地的立场声明——《独立宣言》。开篇陈述提出了一套统一的信仰，作为创建新政府的策略：

"我们认为这些真理是不言而喻的，人人生而平等，造物主赋予他们某些不可剥夺的权利，其中包括生命、自由和追求幸福。"

这是对耶稣教导的承认，即我们内心的上帝赋予我们不可剥夺的权利。换句话说，生命、自由和追求幸福的权利不是由政府而是由上帝赋予每个个体的；因此，否定了政府对被统治者的权威。但为了确保美国政府永远无法压制被统治者，这一群思想家于18世纪末制定了治理规则书《美国宪法》。序言如下：

"我们美利坚合众国的人民，为了更完善地联合起来，建立正义，确保国内安宁，提供共同防御，促进一般福利，并为我们自己和我们的后代确保自由的祝福，特制定并颁布这部《美利坚合众国宪法》。"

然后，宪法详细说明了政府各个分支及其各自的期望。但对于个人来说，最重要的成为被称为权利法案的第一十修正案。以下是其中的修正案，如果从保护个人的角度阅读，将展示这一文件的作者的智慧。以在耶稣时代生活的人的视角阅读以下内容，以获得对这些著作如何体现耶稣教导的视角。这些以对个体的爱为基础的个人权利，定义了政府为了保护个体免受压迫而不能做的事情，从而结束了对政府的恐惧。

第一修正案。国会不得制定任何关于建立宗教或禁止其自由行使、剥夺言论或新闻自由的法律，或者剥夺人民和平集会和向政府请愿以申诉不满的权利。

第二修正案。由于组建一支有序的民兵对于自由国家的安全是必要的，人民保有携带和佩戴武器的权利不得侵犯。

第三修正案。在和平时期，没有士兵可以在未经房主同意的情况下驻扎在任何房屋中；在战争时期，只能按法律规定的方式进行。

第四修正案。人民在其人身、住宅、文件和财产上的安全不得受到不合理的搜查和扣押的侵犯，不得发出搜查令，除非有合理的原因，并由宣誓或宣誓支持，并明确描述要搜查的地点以及要扣押的人或物。

第五修正案。任何人在未经大陪审团的指控或起诉的情况下，不得因为一项死罪或其他可耻的罪行而受审讯，除非在陆地或海军部队中发生的案件，或在民兵在战时或公共危险时实际服役的情况下；任何人在同一罪行的指控下不得两次面临生命或肢体危险；在任何刑事案件中，不得强迫他作为证人出庭作证，也不得在没有法律正当程序的情况下剥夺他的生命、自由或财产；也不得为公共目的征用私人财产，而不给予公正补偿。

第六修正案。 在所有刑事起诉中，被告应享有在案发州和地区的公正陪审团面前获得迅速和公开审判的权利，该地区应先前根据法律确定，并且被告有权了解起诉的性质和原因；与反对他的证人对质；在他有利的证人面前有强制传唤证人的权利，并有权获得辩护律师的协助。

第七修正案。 在涉及普通法的诉讼中，争议价值超过二十美元的地方，应保留陪审团审判的权利，并且陪审团所审理的事实在美利坚合众国的任何法院中都不得以普通法之外的方式重新审查。

第八修正案。 不得要求支付过高的保释金，也不得处以过高的罚款，也不得施以残酷和不寻常的刑罚。

第九修正案。 宪法中对某些权利的列举，不得解释为否认或贬低人民保留的其他权利。

第十修正案。 宪法未授予联邦政府的权力，也未被宪法禁止的权力，由各州或由人民保留。

耶稣基督，这位叛徒，发起了一场人类之间的革命，历经近1800年才成为美利坚合众国人民治理基础的根基。他的影响是全球性的，但唯一以以他为中心的个人教导为基础的治理机构是美国。如今，估计约有70%的美国人口通过认同为基督徒而与耶稣基督建立了某种灵魂连接。

耶稣，这个个体，以他所教导的方式生活。作为上帝的使者，耶稣将个体置于生活的中心，并要求每个人"爱人如己"。

耶稣与使命

耶稣的使命是将恐惧转变为爱。这并不是一项容易的工作，他知道这一点。他必须克服挑战，承受与他非传统教导传播相关的痛苦。他必须面对拒绝、怀疑和迫害，最终导致了他的死亡。他非常清楚地知道，传播他的信息意味着激怒教会领袖和由恐惧法则建立的社会。他知道他的信息将导致他面临致命的结局，但他依然前行。他与罪人和税吏一同进餐——这引起了他的批评者的愤怒，他们对他发起了运动。

但耶稣最终具备我们在前几章中研究过的企业家的品质——他是一个冒险家，他有自我意识，有纪律性，也有自我激励。为了将他的爱的信息传播给世界，他知道从哪里开始。

为了实现这个目标，他挑选了12个不完美的门徒——当时是受过教育的普通人——与他一同执行任务。如果任务是经营一家企业，这将是一个糟糕的商业主意。从市场营销的角度来看，选择不完美的门徒肯定会带来负面的业务影响。但这是他想传达的信息——在一个只有强大者掌控的社会中，上帝可以选择普通人，只要他们相信。

这一信息现在为每个人和后代创造了一个公平的竞技场：那些普通人可以得到上帝的公义，而且无论你的罪有多重，只要你悔改并相信，宽恕就是免费的。

第十一章

那又怎样？

我们已经讨论了两位个体及其成就，从他们如何成功地将自己的灵魂传递给世界的角度来看。两者都永远改变了世界。一个利用技术造福全人类。一个将生活从恐惧转变为爱。一个拥有全球数百万的产品用户。一个在全球拥有超过二十亿的追随者。但两位个体的灵魂尚未被全然接纳。

让我们面对现实。有人不喜欢苹果产品，出于各种原因。然而，他们选择的技术产品往往具有类似于苹果的易用界面。苹果公司多年来一直起诉微软"模仿"苹果开发的图形用户界面（GUI）。因此，虽然苹果可能不是首选品牌，"我也是"苹果产品的制造商正在利用史蒂夫·乔布斯的灵魂，通过设计他们的产品模拟苹果产品。而且，苹果公司也充分利用其他产品概念来开发自己的产品。例如，首个手腕通信设备是在1946年的《狄克·特雷西》漫画中引入的，该漫画讲述了一位使用这种设备的犯罪bek勇者。如今，Apple Watch是一款多功能设备，远远超过了狄克·特雷西的单一功能设备。

苹果电脑现在是全球最有价值的品牌，仍然借助史蒂夫·乔布斯的灵魂在不断发展的产品系列中无缝地为人类提供技术。这些产品继续提供乔布斯所设想的"心灵的自行车"。苹果的支柱产品iPhone现在比2007年更快、更强大，但它仍然是同一个产品。这个大主意已经得到了改进，但没有新的大主意。这对所有在史蒂夫·乔布斯的监督下开发的苹果产品都是如此。今天的产品增加了一些功能，其中两个最重要的功能是速度和相机，但基本上做的是它们一直在做的事情。

这不是对苹果管理的批评。相反，这是极端企业家的结果，一个真正"在宇宙中留下了痕迹"的人。史蒂夫·乔布斯的灵魂进入了苹果产品，他的灵魂继续吸引和保留苹果产品的用户。尽管他们努力，苹果将永远依赖于史蒂夫·乔布斯的灵魂来取得成功。只有在有技术上的范式转变，像乔布斯引入的那样，苹果产品才会失宠。我（们）作为用户，分享了史蒂夫·乔布斯希望我们拥有的经验，而我们继续这样做。说到分享耶稣基督的灵魂，这不是二元的，爱或恐惧。以仅由爱主宰的灵魂或以仅由恐惧主宰的灵魂表达似乎在人类看来是不可能的。我们都生活在一个动态的世界中，我们对爱和恐惧有不同程度的感受。这个连续体还包括从冷漠到激情的情感水平。图1中的图形为这些概念提供了一个可视化的对比，形成了一个四方格矩阵，将成为关于是否要行使耶稣为我们带来的变革的讨论的基础。

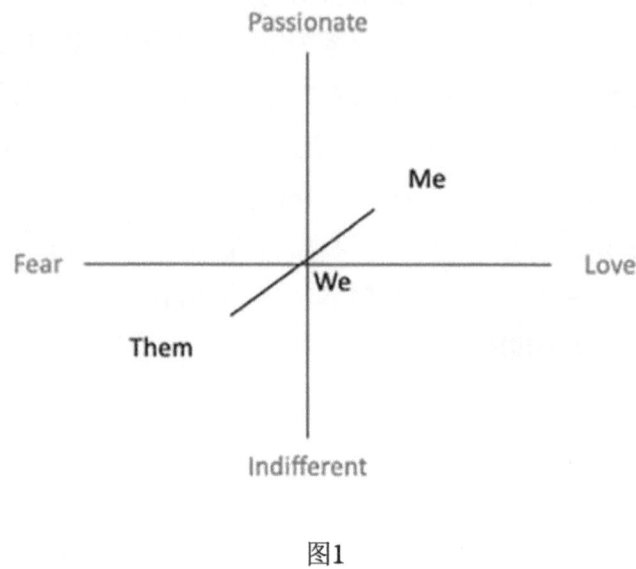

图1

X轴提供了耶稣为人类带来的变革,从作为存在状态的恐惧到爱的状态。Y轴扩展了恐惧和爱的连续体,包括从冷漠到热情的情感方面的程度或强度。这个轴是我们的灵魂通过控制我们的情感真正影响我们的决策的地方。

分别看四个象限,第一象限,热情和恐惧是耶稣所面对的世界。教会的恐惧和罗马占领者的恐惧。热情的强度意味着通过制约人口来引发恐惧。这种强度来自统治而不是被统治者。在这个象限中,个体在实质上是无能为力的。以今天的术语来说,任何设定了对人民自由的限制规则的社会中都存在着对政府的同样恐惧。如果不遵守这些规则,将产生负面后果。在第一象限中,负面后果可能包括死亡、监禁、财产丧失、公开羞辱和/或罚款。

第三象限,恐惧和冷漠,是强加权威较少关心执行的规则。一个例子是人行横道。不使用政府定义的街道横穿街道的人被视为违规横穿。政府试图控制在何处横穿马路,甚至标记了出口,但这是一条几乎不受执行的规则。违规横穿的后果可能是罚款、公共服务时间或公开羞辱。

　　第二象限，热情和爱，将是耶稣所在并教导我们所有人都应该在的地方。"爱人如己。"在今天的文化中，这个象限将包括致力于服务和/或帮助人们的教堂和慈善组织。在这个象限中没有强迫表现。参与取决于个人。奖励是一个满足的灵魂在做自己可以自由做的事情。很多人寻找"为他人做好事"的机会。

　　第四象限，冷漠和爱，是绝大多数人口。有着生活和职业的人不属于慈善领域。谋生和不时为他人提供或给予一点帮助。这个象限中的人通常对接触到的其他人友善。他们可以自由地在不担心的情况下帮助别人或不帮助。

　　图1中的重要分歧在于左侧和右侧。左侧包含希望控制个体自由的力量。右侧允许选择如何"爱邻居"。这种表达可以采取许多形式。这些形式没有受到他人的强迫，而是由内心驱动。

　　图1为我们提供了扩展了激情的恐惧和爱的特征；然而，这个解释并没有展示动态的生活。还有行动维度，Z轴（见图2）即"他们、我们和我"轴。这是行动轴。是什么正在向谁投送或由谁作为提供方法的执行者投送，以及那些接收正在投送的东西的人。行动轴有三个执行者或接收者——他们、我们和我。他们是不包括你在内的任何群体（可以推断为单个人）。我们是任何包括你的群体。如果你是群体中唯一的参与者，那么"我"就是你。任何群体都可以采取引发恐惧或爱的行动，充满激情或冷漠。同样，任何群体都可以受到恐惧或爱的行动，充满激情或冷漠。这使我们回到了关于灵魂的章节。在那一章中，基于我们灵魂的吸引力形成了同心圆的关系。

　　这些积极的灵魂吸引力创建了我们群体。那些不是积极的吸引力则创建了他们群体。但我们所有人都参与的一个群体是"我"群体。

行动轴的有趣之处在于我们每个人在瞬间到瞬间都在从发送者转变为接收者。

生命的解释与应用

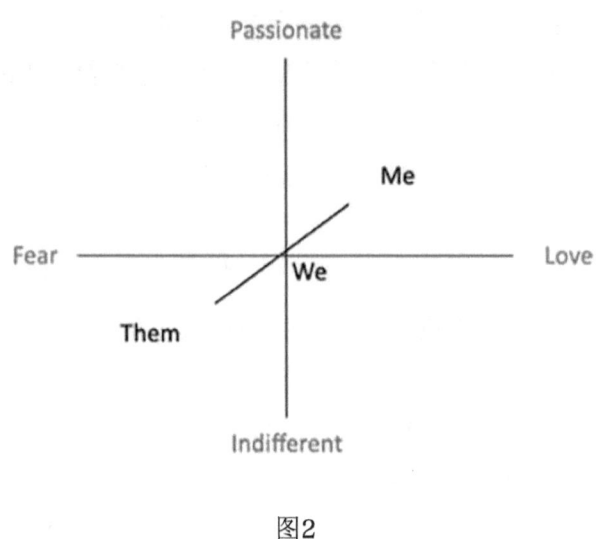

图2

这些概念如何应用的一个例子是看政府。目前，我是一名当选的州代表。作为一名立法者，我的立法存在是制定/编辑/更改州法律。每年，州议会考虑五百到七百项可能成为法律的法案。所有州法案都符合图2。一项法案要么通过使用处罚（恐惧）来限制个人自由，要么允许以前不允许的活动（爱）。

我的情感参与度决定了我对支持甚至为一项法案工作的兴趣和承诺。在我的第一个任期，有一场激烈的一小时辩论，讨论的是用于压低钓鱼线的铅沉子。

该法案旨在禁止在该州销售和使用铅沉子。法案的赞助商和支持者发表了激动人心的演讲，讲述了铅沉子可能会杀死濒危水禽——当鸟类吞食它时。法案的反对者指出，没有记录显示任何鸟类吞食沉子而死亡。

自童年以来我就没有钓鱼了，所以我对铅沉子的兴趣显然是冷漠的。关于没有沉子吞食的鸟类死亡的陈述减轻了我对这个话题的兴趣，也使我对其冷漠。然而，由于有替代品可以替代铅沉子，而该州的濒危水禽数量减少，也许支持禁止铅沉子的投票可能比不支持法案更好（爱）。我不记得我投了什么票，但法案通过了，铅沉子将逐步在该州停止使用。

铅沉子不是这个例子的重点。重点是我们都会面临一些我们对其没有知识或情感投入的情况。大多数情况下，通过演示、新闻、社交媒体或以任何方式呈现的情况，我们不倾向于或被迫为其或反对其做出决定。因此，我们让大多数情况过去。在日常生活中，我们不必在每种情况下都有立场。有趣的是，关于铅沉子的投票是，投票确实支持了可能吞食铅沉子并死亡的濒危水禽的爱，而不是传统的铅沉子。立法机构（我们）通过了一项影响垂钓者（他们）的法律。鉴于垂钓者没有政治组织，我怀疑我们不会听到有关这项立法的太多信息。鸟类观察者（他们）也不会对这项立法发出大声的抗议。然而，在他们的角度来看，无论如何，立法机构都是他们，垂钓社区和鸟类观察者都是我们。从立法的角度来看，我们通过了一项逐步淘汰铅沉子的法律，我相信对于未能这样做会有某种罚款。

我们的社会似乎由一个不断变化的我们与他们的群体组成。我们可以建立各种基于性别、种族、性别、国籍、眼睛颜色、体重、政治取向、财富、教育、身高、车辆偏好、年龄、宗教信仰、偏好写作手、运动能力、运动队偏好、新闻频道偏好，

媒体偏好、性取向、会员资格、退伍军人身份、雇主、社会关系、当选地位、影响力、权威、职业等等的组，以及我可能忽略的其他一切。在这些页面上将不会对所有选项和可能发生的变体进行

详尽的讨论，尤其是因为我们每个人都可以在保持个体的同时与更多的群体身份产生联系。

我们的身份存在于我们的灵魂中，与任何群体关系的强度都是我们在自己内部的个人斗争或顺从。在我们的关系中，即使关系是我们，我可能也会与自己内部发生冲突。我们不总是同意我们的一个或多个关系的立场，这是我们的本性。

从极端企业家的生活中的反思

在极端企业家是"他们"的情况下，我们在哪里？此时，我们中的许多人知道自己永远不会成为极端企业家，但与他们一样，我们可以追随内心的信念，实现我们内心的目标，这是由制造商放置在我们内心的。也许，我们永远不会"改变世界"，但我们可以改变我们的世界！我们可以放开当前的藤蔓，寻找另一种，由我们对主要事物的信心支撑。

在我们的世界中，我们认为需要不同的是什么？我们是在考虑渐进的变化还是整个范式的转变？需要对事物或人进行更改吗？哪些变化将产生最深远的影响？对他们、我们还是我进行的变化？显然，我们唯一能够控制的是我，所以那可能是我们应该开始的地方。

写下你的寓言、你的习惯性行为，并决定它们是基于恐惧还是爱。你赚钱的动机是出于害怕挨饿和无家可归，还是出于爱为自己和所爱的人提供？我建议，如果你的努力是出于恐惧，你可能不喜欢你的工作。然而，如果你的努力是出于爱，你会喜欢你的工作。

你可以在生活的各个方面重复这个练习。你的关系。你的外表。你喜欢的音乐。在每个领域，你的决定是出于害怕被排斥还是出于爱被纳入？

记住：恐惧的结果永远不是爱。爱的结果永远不是恐惧。

当我们开始改变我们的观点，并开始从内心出发时，一切都会改变。我们变得更加充满激情、进取，并且充满内在流淌的喜悦的动力。虽然我们的身体有其局限性，但当我们开始出于爱而做事时，无论多么繁琐，我们都不会感到身体上的疲惫。

让我们深入灵魂，倾听它告诉我们什么。当我们开始这样做时，我们的指南针——我们的灵魂——将引导我们朝着正确的方向前进，那是我们应该去的地方。我相信每个人的灵魂都是为比自己更伟大的事物而存在的。

在你内心寻找吧。找到它。

参考文献

《圣经》（新国际版）。

Fernandez, Ivan. 《像史蒂夫·乔布斯一样思考》，2018年。

Isaacson, Walter. 《史蒂夫·乔布斯传》。西蒙与舒斯特，2011年，2013年。

Kerns, Tom博士。《柏拉图的理想国和费德洛斯》。北西雅图社区学院，哲学101在线课程，灵魂的三个部分。

MacArthur, John. 《十二位普通人》。托马斯·纳尔逊，2002年。

McLuhan, Marshall. 《理解媒体：人的延伸》。纽约导师，1964年，1994年麻省理工学院出版社再版。

Ortberg, John. 《灵魂的保管》。Zondervan，2014年。

Quizlet.com - 一个拥有三亿用户生成的卡片集和五千万用户的教育网站。未能找到贡献者。

Rohr, Richard. 《向上堕落》。乔西-巴斯，威利印刷公司，2011年。

Rohr, Richard. 《一切事物的灵魂》。行动与默观中心，2018年3月5日，在线。

Rohr, Richard, 《普世基督》。行动与默观中心出版，由Convergent Books出版，2019年。

托马斯福音书。柏林科普特纳斯蒂克文献工作组原始翻译。摘自《四福音书概要》，1997年第二次修订印刷。由Stephen J. Patterson和James M. Robinson在Patterson、Robinson和Bethge的《第五福音》中修改，Trinity Press International，1998年。

Deborah Knowlton牧师，顾问。

Zhi Gang Sha博士。《灵魂的力量》。阿特利亚图书，西蒙与舒斯特公司的一个部门，2009年。

关于作者

作者是一位非常忙碌的退休者。他撰写了两本营销书籍,经营了一家直销代理公司长达二十年,并在市场营销和业务发展咨询领域工作了十年。在撰写本作品的同时,他担任了一名州议员、他教堂的主持人以及他镇规划委员会的主席。他曾在多所大学任教研究生课程。他与妻子结婚已有五十三年,育有两个子女和五个孙子孙女。他的教育背景包括哲学学士学位、工商管理硕士学位(MBA)和工商管理博士学位。